Lina Scarpellini

La cuisine
un véritable laboratoire !

Broquet

97-B, Montée des Bouleaux, Saint-Constant, Qc, Canada, J5A 1A9
Tél. : 450 638-3338 Téléc. : 450 638-4338
Internet : www.broquet.qc.ca Courriel : info@broquet.qc.ca

Catalogage avant publication de Bibliothèque et Archives nationales du Québec et Bibliothèque et Archives Canada

Scarpellini, Lina

La cuisine, un véritable laboratoire !

ISBN 978-2-89654-177-5

1. Cuisine - Expériences. 2. Aliments - Expériences. I. Titre.

TX652.S322 2010   641.501'5   C2010-940905-1

Pour l'aide à la réalisation de son programme éditorial, l'éditeur remercie :
le gouvernement du Canada par l'entremise du Programme
    d'aide au développement de l'industrie de l'édition (PADIÉ) ; la
    Société de développement des entreprises culturelles (SODEC) ;
    l'Association pour l'exportation du livre canadien (AELC).
Le gouvernement du Québec – Programme de crédit d'impôt pour
l'édition de livres – Gestion SODEC.

Copyright © Ottawa 2010 Broquet inc.
Dépôt légal – Bibliothèque et Archives nationales du Québec
3e trimestre 2010

Révision : Andrée Laprise, Lise Lortie
Conception graphique : Nancy Lépine

Imprimé en Malaisie

ISBN 978-2-89654-177-5

Tous droits de traduction totale ou partielle réservés pour tous les pays. La reproduction d'un extrait quelconque de ce livre, par quelque procédé que ce soit, tant électronique que mécanique, en particulier par photocopie, est interdite sans l'autorisation écrite de l'éditeur.

Ce livre propose **52 EXPÉRIENCES ET ACTIVITÉS** pour découvrir
de façon amusante des phénomènes, des lois qui trouvent leur explication
dans la science en utilisant ce qu'on peut trouver dans une cuisine
et il s'adresse à toutes les personnes curieuses qui aiment
se poser des questions ou y répondre !

Certaines activités ne visent qu'à découvrir
et à apprécier les aliments qui nous entourent.

ON NE FORCE PAS UNE CURIOSITÉ, ON L'ÉVEILLE.
— DANIEL PENNAC

LE DÉSIR DE CONNAÎTRE LE POURQUOI
ET LE COMMENT EST APPELÉ CURIOSITÉ.
— THOMAS HOBBES

LES SCIENCES SONT PARTOUT, MÊME DANS LA CUISINE !

ON DEVRAIT PENSER LES CUISINES COMME LE CENTRE DE LA MAISON.
— JANE GRIGSON

LISTE DES EXPÉRIENCES ET ACTIVITÉS

PRÉSENTATION	8
REMERCIEMENTS	9
Comment déshabiller un œuf sans toucher sa coquille ?	10
Une potion digne d'une apprentie sorcière !	11
Défie le temps pour faire mûrir une banane !	12
Comment faire entrer un œuf dans une bouteille comme par magie ?	14
Comment écrire des messages dignes de James Bond ?	16
Comment conserver les bulles dans les sodas ?	18
Des visiteurs non désirés sur le pain !	20
Des raisins secs qui nagent !	21
Un chou comme indicateur d'acidité	22
Comment prouver que tout comme toi le céleri boit ?	24
Comment empêcher une pomme de ternir son image ?	26
Le jeu du cultivateur	28
L'œuf flotteur	30
Un œuf qui fait du break-dancing !	32
L'eau dans tous ses états !	34
Comment déterminer la fraîcheur d'un œuf ?	37
Comment faire du fromage ?	38
Quand un fruit subit un dur coup	40
Comment préparer une boisson gazeuse ?	41
Un jeu-questionnaire haut en couleurs !	42
Bon comme du bon pain !	44
Une poire qui n'a plus de jus !	45
Une guimauve qui s'enfle la tête !	46
Un modèle de pâte à modeler !	48
La fécule de maïs pour les artistes en herbe !	50
Crée un tourbillon de couleurs	53

Comment éteindre une bougie sans souffler dessus? ... 54
Comment gonfler un ballon sans se dégonfler! ... 55
Une recette pour faire du papier mâché ... 56
S'improviser peintre avec la nourriture ... 58
Une bouche scintillante! ... 59
Du citron pour que ça brille! ... 60
Une goutte d'eau en guise de loupe ... 62
Un T-Shirt prêt-à-porter avec du Kool-Aid[MD] ... 64
Des sucettes cristallines ... 66
Du lait caillé à la colle en deux temps trois mouvements ... 68
De la craie avec des coquilles d'œuf ... 70
Attraper un cube de glace sans utiliser ses doigts : possible? ... 72
Un dessert glacé sur demande! ... 74
Découvre l'effet du sel sur les plantes ... 76
Solide comme un pont... de spaghettis ou de linguine? ... 78
Comment réveiller les levures qui contribuent au recyclage? ... 80
Découvre les effets de la pression grâce à une paille ... 83
Découvre pourquoi les ingrédients de la vinaigrette se séparent ... 84
Des Smarties[MD] pour s'initier à la chromatographie ... 86
Mets la main à la pâte pour découvrir le gluten! ... 88
Comment reproduire l'effet de la lampe à lave? ... 90
Un dessert aérien pas à pas ... 92
Comment simuler un déversement de pétrole? ... 96
Recrée un volcan en éruption ... 98
Le poivre qui prend la fuite! ... 100
Un œuf cerné ... 101

POUR LES PROFESSEURS ET ÉDUCATEURS – Liste des expériences
et activités selon le type d'univers auquel elles se rapportent ... 102
RÉFÉRENCES ... 104
CRÉDITS PHOTOGRAPHIQUES ... 104

CHAQUE FICHE PRÉSENTE LA STRUCTURE SUIVANTE :

- un court texte introduit l'activité ou l'expérience, son objectif ;
- suit une section intitulée « Ce dont tu as besoin » afin de préparer l'activité ;
- la section « Étapes à suivre » décrit pas à pas ce qu'il faut faire pour réaliser l'activité ;
- la section « Résultats/Observations » permet de confronter ses observations au résultat attendu ;
- la section « Explications » donne l'explication scientifique ou présente la raison qui explique le résultat obtenu ;
- finalement, un conseil, ou une astuce, est parfois proposé afin de vérifier la compréhension. Ce peut aussi être une suggestion pour pousser l'expérimentation un peu plus loin ou une question du genre « Savais-tu que… », afin d'enrichir les connaissances.

Certaines expériences comportent une section « Mise en garde » dans laquelle on encourage à la prudence par un message d'avertissement. Le plus souvent, il s'agit d'une expérience où la présence d'un adulte est requise. Les professeurs pourront utiliser le livre grâce à sa référence au programme de science et technologie du premier cycle. Voilà 52 expériences pour s'amuser et, qui sait, épater la galerie !

> LA SCIENCE ? APRÈS TOUT, QU'EST-ELLE, SINON UNE LONGUE ET SYSTÉMATIQUE CURIOSITÉ ?
> — ANDRÉ MAUROIS

> À LA NAISSANCE D'UN ENFANT, SI SA MÈRE DEMANDAIT À SA BONNE FÉE DE LE DOTER DU CADEAU LE PLUS UTILE POUR LUI, CE CADEAU SERAIT LA CURIOSITÉ.
> — ELEANOR ROOSEVELT

REMERCIEMENTS

Éprouver de la gratitude et ne pas l'exprimer, c'est comme emballer un cadeau et ne pas l'offrir.

Je tiens à remercier mes parents pour leur indéfectible soutien.

Un merci tout particulier est adressé à Alain Bergeron pour avoir si gentiment accepté de réviser les expériences, pour m'avoir prodigué des conseils et avoir cru en la réalisation du projet.

Je ne saurais passer sous silence la collaboration de Brigitte Charron, enseignante aux adultes, qui a bien voulu recréer de nombreuses expériences avec moi afin de les mettre à l'épreuve.

LÉGENDE

Symbole	Signification
	À ne pas consommer
	Conseil
	Cuisson requise
	Durée de l'expérience
	Durée de l'expérience supérieure ou égale à un jour
	L'assistance d'un adulte est utile
	La présence d'un adulte est requise

> Un adulte peut cuire les 2 œufs pour préparer l'expérience.
>
> Cette expérience dure 2 jours environ.

TYPE DE CONNAISSANCE :
Univers matériel > perte de matière ; substances solubles ; décalcification

COMMENT DÉSHABILLER UN ŒUF SANS TOUCHER SA COQUILLE ?

Voici une expérience dans laquelle un œuf cuit dur se retrouvera sans coquille, et ce, sans manipulation directe.

CE DONT TU AS BESOIN

- 2 verres
- 2 étiquettes : une avec le mot eau et l'autre avec le mot vinaigre
- Eau
- Vinaigre blanc
- 2 œufs cuits dur

ÉTAPES À SUIVRE

1. Appose une étiquette sur chaque verre.

2. Place chaque œuf délicatement au fond de chacun des verres.

3. Dans le verre étiqueté eau, verse de l'eau jusqu'au rebord.

4. Dans l'autre verre (étiqueté vinaigre), verse du vinaigre jusqu'au rebord.

5. Laisse les œufs reposer deux jours dans les verres.

6. Deux jours plus tard, retire chaque œuf et note tes impressions. Que constates-tu ?

RÉSULTAT

L'œuf qui est resté deux jours dans le vinaigre n'a plus de coquille !

EXPLICATION

L'acide contenu dans le vinaigre a décomposé le carbonate de calcium contenu dans la coquille. L'œuf est maintenant tout nu ! On appelle ce processus la décalcification. L'œuf qui est resté dans l'eau, quant à lui, n'a pas subi de modification.

SAVAIS-TU QUE...

C'est le calcium, un minéral, qui confère à nos os leur rigidité. Ceux-ci ramollissent dès qu'ils commencent à perdre du calcium. Cela peut arriver lorsqu'une personne souffre de carences nutritives ou d'un problème de santé comme l'ostéoporose.

POUR ALLER PLUS LOIN...

Laisse tomber l'œuf sans coquille dans l'évier. Que constates-tu ? La texture aurait-elle changé ?

TYPE DE CONNAISSANCE :
Univers matériel > état gazeux

UNE POTION DIGNE D'UNE APPRENTIE SORCIÈRE !

Voici comment préparer une potion qui bouillonne en deux temps, trois mouvements pour impressionner tes amis le soir de l'Halloween !

CE DONT TU AS BESOIN

- 1 petit contenant transparent
- 1 boisson gazeuse de type Ginger Ale^{MD} ou Seven Up^{MD}
- 1 colorant alimentaire (vert ou orange) pour une couleur de circonstance
- 1 cuillère à thé de sel

ÉTAPES À SUIVRE

1. Place le contenant dans l'évier et remplis-le à moitié de la boisson gazeuse.

2. Ajoute deux gouttes de colorant alimentaire et remue avec la cuillère.

3. Ajoute le sel et note ce que tu observes.

RÉSULTAT

Le mélange commence à mousser parce que le sel pousse les bulles de gaz carbonique contenues dans le soda à la surface. C'est ce qu'on appelle l'effervescence.

SAVAIS-TU QUE...

La notion de « pétillant » qualifie plutôt le crépitement des bulles à la surface. Sur le plan scientifique, « effervescence » ne désigne que la formation des bulles et non la mousse qui se forme dans un deuxième temps. L'effervescence est le phénomène recherché dans la fabrication du champagne et l'expression même de la magie de ce vin blanc mousseux. Si l'on préfère le mot « effervescence » à celui de « pétillant » pour les champagnes, c'est parce qu'il évoque le mouvement, la vivacité mais aussi l'intensité, l'allégresse.

Cette expérience dure quelques jours.

TYPE DE CONNAISSANCE :

Univers vivant > utilisation du vivant pour la consommation ;
Univers matériel > changements d'état (production de gaz)

DÉFIE LE TEMPS POUR FAIRE MÛRIR UNE BANANE !

Pas de banane prête à manger ? Ne t'en fais pas ! Il y a moyen de donner un coup de pouce à la nature !

CE DONT TU AS BESOIN

- 3 bananes également vertes
- Des morceaux de pomme
- 2 sacs en papier d'emballage

ÉTAPES À SUIVRE

1. Place une banane verte dans un sac en papier d'emballage que tu refermeras.

2. Place une seconde banane verte dans l'autre sac et ajoutes-y des morceaux de pomme puis referme le sac.

3. Laisse la troisième banane sur le comptoir.

4. Chaque jour, vérifie l'état des bananes.

5. Note le temps requis pour que chacune des bananes devienne jaune, tigrée et molle, autrement dit pour qu'elle soit mûre à point.

OBSERVATION ET EXPLICATION

Les bananes dans le sac en papier d'emballage vont mûrir beaucoup plus rapidement que celle laissée à l'air ambiant. Pourquoi ? En tout temps, la banane produit un gaz appelé éthylène. Ce gaz entraîne le mûrissement du fruit. Lorsque la banane est dans un sac en papier d'emballage fermé, on empêche le gaz éthylène de s'échapper. Le gaz est alors très concentré dans le sac, ce qui fait mûrir la banane plus rapidement.

Certaines plantes produisent plus d'éthylène que d'autres. Ainsi, une pomme sécrète beaucoup d'éthylène, encore plus si elle est endommagée : pense à l'odeur caractéristique des pommes trop vieilles. Donc, si on ajoute des morceaux de pomme à la banane dans le sac en papier d'emballage, on accélère le processus irréversible de vieillissement des tissus de la plante.

Ainsi, la banane avec les morceaux de pomme dans le sac aura mûri plus rapidement encore que la banane seule dans le sac. Ainsi, la noirceur ne joue aucun rôle dans le mûrissement de la banane !

SAVAIS-TU QUE...

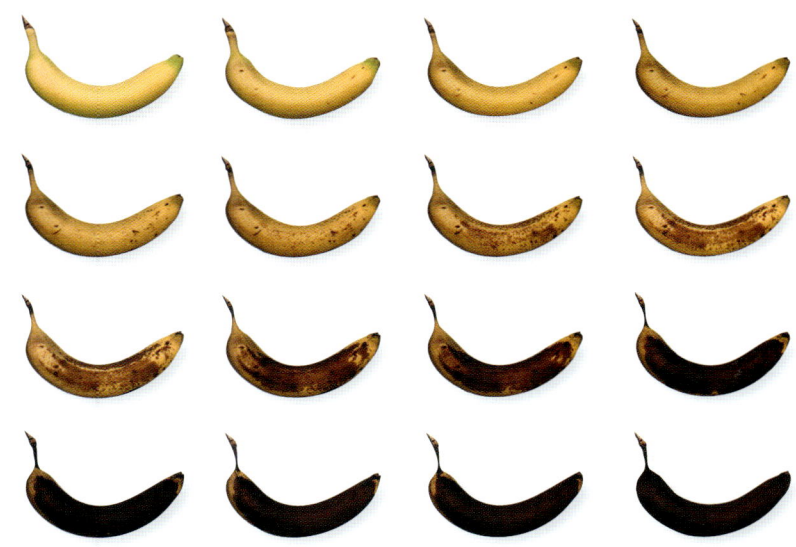

Les fruits se classent en deux catégories : ceux qui mûrissent sur plant et les autres. Ainsi, la cerise, la framboise et la fraise doivent être cueillies à point. Tout comme l'ananas, le citron ou l'orange. Ils sont dits « non climactériques ». En revanche, dans la famille des climactériques, qui comprend l'abricot, la pêche, la pomme, la banane ou l'avocat, le processus de mûrissement peut se faire ailleurs que sur le plant.

L'éthylène (C_2H_4) n'est pas qu'un gaz incolore, c'est aussi une hormone végétale que la plupart des fruits « climactériques » produisent en quantité variable. Il entraîne le mûrissement qui, à son tour, permet au fruit de produire de l'éthylène. Un véritable engrenage s'enclenche. Si on place dans un même panier une banane très mûre qui dégage donc beaucoup d'éthylène, et une autre verte, cette dernière verra sa maturation accélérée. Attention donc à l'« effet de contamination » !

La présence d'un adulte est requise.

TYPE DE CONNAISSANCE :
Univers matériel > pression

COMMENT FAIRE ENTRER UN ŒUF DANS UNE BOUTEILLE COMME PAR MAGIE ?

Comment faire entrer un œuf dans une bouteille sans casser l'œuf ? Est-ce possible ? Suis les étapes ci-dessous et tu verras ! L'effet est à couper le souffle !

CE DONT TU AS BESOIN

- 1 bouteille dont le goulot (ou ouverture) est un peu plus petit que la taille d'un œuf
- Un peu de margarine
- Des allumettes ou un briquet
- Un bout de papier
- 1 petit œuf cuit dur sans écale

ÉTAPES À SUIVRE

1. Graisse un peu l'ouverture de la bouteille (l'intérieur du goulot) avec un petit peu de margarine.

2. Demande à un adulte de mettre le feu à un bout de papier (avec une allumette ou un briquet) et de le jeter dans la bouteille.

3. Dès que le papier est dans la bouteille, dépose immédiatement l'œuf sur le dessus de la bouteille.

RÉSULTAT ET EXPLICATION

Si un œuf est simplement placé sur l'ouverture de la bouteille, il ne se passe rien parce que la pression de l'air à l'intérieur et à l'extérieur de la bouteille est équilibrée. L'air ambiant pousse sur l'œuf, alors que l'air à l'intérieur de la bouteille le pousse vers l'extérieur. Quand on jette un bout de papier enflammé dans la bouteille, l'œuf glisse dans la bouteille! Pourquoi? En jetant un bout de papier en feu dans la bouteille, l'air à l'intérieur se réchauffe. Cet air prend de l'expansion, la pression augmente, mais une partie quitte la bouteille. Quand l'air à l'intérieur de la bouteille refroidit, la pression à l'intérieur baisse. Toutefois, l'air extérieur, toujours à la même pression, pousse sur l'œuf avec suffisamment de force pour le faire passer à travers l'ouverture. La pression à l'extérieur de la bouteille devient plus grande que celle à l'intérieur de la bouteille. Cela crée un vacuum qui aspire l'œuf au fond de la bouteille.

TYPE DE CONNAISSANCE :
Univers matériel > réaction chimique ;
brunissement enzymatique

COMMENT ÉCRIRE DES MESSAGES DIGNES DE JAMES BOND ?

Aimerais-tu savoir écrire et lire des messages invisibles ? Voici deux recettes utilisant des ingrédients différents. Pour aspirants agents secrets seulement !

RECETTE N°1

CE DONT TU AS BESOIN

- 50 ml (3,5 c. à soupe) de bicarbonate de sodium
- 50 ml (3,5 c. à soupe) d'eau
- Jus acide (par exemple du jus de citron, du jus d'orange ou de pamplemousse)
- 1 petit bol
- Des cotons-tiges (Q-tip©)
- Papier pour écrire

ÉTAPES À SUIVRE

1. Mélange le bicarbonate de sodium avec l'eau dans le petit bol.
2. Rédige ton message sur un bout de papier en trempant le coton-tige (Q-tip©) dans le mélange eau-bicarbonate.
3. Laisse sécher ton message complètement.

COMMENT DÉCODER ?

Pour lire ton message secret, passe un pinceau, ou une éponge, imbibé du jus acide sur le message. Et voilà !

EXPLICATION

L'acidité du jus a réagi avec le bicarbonate de sodium. Une couleur différente apparaît là où le message a été écrit !

La présence d'un adulte est requise.

TYPE DE CONNAISSANCE :
Univers matériel > réaction chimique ;
brunissement enzymatique

RECETTE N°2

CE DONT TU AS BESOIN

- Lait
- 1 petit bol
- Des cotons-tiges (Q-tip©)
- Papier pour écrire

ÉTAPES À SUIVRE

1. Verse un peu de lait dans un bol.
2. Rédige ton message avec le coton-tige (Q-tip©) que tu auras trempé dans le lait.
3. Laisse sécher ton message complètement.

COMMENT DÉCODER ?

Pour lire ton message, il faut placer le papier près d'une source de chaleur. Place ton message près d'une ampoule incandescente (ne laisse pas le message sur l'ampoule) ou près de la flamme d'une bougie (à la verticale devant la flamme et non au-dessus de la flamme). Demande l'assistance d'un adulte pour éviter que ton message ne prenne feu !

Et voilà ! Quand le lait se trouve près d'une source de chaleur, il brûle plus vite que le papier. Ton message invisible apparaîtra tranquillement en brun.

EXPLICATION

As-tu déjà remarqué comment un aliment prend une couleur brune lorsqu'on le fait cuire dans la poêle, le four ou le grille-pain ? Les aliments sont constitués de divers nutriments (dont les sucres et les protéines) qui brunissent lorsqu'ils sont chauffés. C'est ce même phénomène qui s'est produit lorsque ton message s'est retrouvé près de la source de chaleur. Avec la chaleur, les protéines contenues dans le lait ont bruni.

SAVAIS-TU QUE…

Il existe bien des aliments qui pourraient servir d'encre invisible (jus de différents fruits, jus d'oignon, blanc d'œuf dilué dans de l'eau, vinaigre, etc.). Qui sait ! Tu peux peut-être concocter ta propre recette magique !

Le résultat de cette expérience est visible après quelques heures.

TYPE DE CONNAISSANCE :
Univers matériel > état gazeux ; dissolution

COMMENT CONSERVER LES BULLES DANS LES SODAS ?

D'où viennent les bulles dans les sodas ? C'est le fabricant qui introduit artificiellement du gaz carbonique (un gaz qui comporte un atome de carbone et deux atomes d'oxygène : CO_2) dans les limonades et les sodas.

Tant qu'il est en bouteille, le gaz reste piégé dans le liquide parce que la pression au-dessus du liquide ne lui permet pas de s'échapper. Mais, dès que la bouteille est ouverte, cette pression diminue et le gaz commence à s'échapper : de petites bulles commencent à se former et à monter à la surface !

Observe bien ces bulles. Si tu regardes bien, tu verras qu'elles ne se forment pas n'importe où : elles montent en file indienne à partir de quelques endroits du verre. Aux endroits où le verre n'est pas très lisse, les molécules de gaz se regroupent plus facilement et, ainsi, petit à petit finissent par former une bulle de gaz visible à l'œil nu. Et quand la bulle est assez grosse, elle se détache du verre, remonte à la surface et éclate : le gaz carbonique se mélange à l'air ambiant. Mais comment les conserver ? Découvre-le dans l'activité qui suit.

CE DONT TU AS BESOIN

- 2 canettes ou bouteilles de boisson gazeuse de ton choix (soda, limonade ou orangeade gazéifiée)

ÉTAPES À SUIVRE

1. Laisse une canette ou une bouteille de boisson gazeuse 3 à 4 heures à la température de la pièce et l'autre bien au frais au frigo.
2. Une fois le temps écoulé, décapsule les deux canettes. Laquelle est plus pétillante ?

EXPLICATION

Il faut comprendre qu'un gaz peut être dissous dans un liquide. Ce gaz exerce une pression. Pour éviter qu'une boisson gazeuse ne perde son gaz, il faut maintenir une pression élevée au-dessus du liquide. C'est ce qu'on fait en mettant un bouchon : une petite partie du gaz s'échappe et augmente la pression, le reste du gaz est donc piégé dans le liquide.

Si tu observes une bouteille de boisson gazeuse fermée et bien reposée, tu ne vois que le liquide. Si tu ouvres doucement la bouteille en faisant un quart de tour et que tu la refermes aussitôt, des bulles de gaz se forment et remontent en surface. Elles s'accumulent vers le goulot. Si tu laisses la bouteille ouverte, le gaz qui quitte le liquide ne reste pas sous le bouchon, mais se dilue dans l'air ambiant. La pression de gaz est donc toujours plus forte dans le liquide que dans l'air et le gaz s'échappe continuellement, en formant des bulles qui remontent à la surface, jusqu'à épuisement du gaz dans le soda.

SAVAIS-TU QUE...

Ce n'est pas pour rien qu'on suggère de conserver les boissons gazeuses au frais… c'est pour qu'elles aient des bulles ! Le gaz carbonique est deux fois plus soluble dans un soda glacé qu'il ne l'est à température ambiante. Si le soda se réchauffe alors qu'il est encore dans la bouteille, le gaz s'accumule entre le liquide et le bouchon, qui sert à contrôler la pression ; il s'échappe dès que le récipient est ouvert. Le gaz carbonique se dissout à nouveau si le récipient est remis au frais, mais ce processus peut prendre un peu de temps. Si ton soda est trop chaud, sans pour autant avoir perdu son gaz, il ne pétillera pas !

Cette expérience dure une à deux semaines environ.

Au terme de l'expérience, tu jetteras le pain.

TYPE DE CONNAISSANCE :
Univers vivant > utilisation du vivant pour la consommation

DES VISITEURS NON DÉSIRÉS SUR LE PAIN !

As-tu déjà observé des moisissures ? Voici une expérience pour apprendre ce que c'est et comment elles se forment.

CE DONT TU AS BESOIN

- 1 sac plastique refermable (Ziploc©)
- 45 ml (3 c. à soupe) d'eau sucrée
- 1 tranche de pain
- 1 petite assiette

ÉTAPES À SUIVRE

1. Dépose la tranche de pain sur une assiette.
2. Verse l'eau sucrée sur le pain.
3. Insère la tranche de pain dans le sac de plastique (sans l'assiette) et referme le sac hermétiquement. Tu peux indiquer la date sur le sac et la mention « non comestible ».
4. Laisse le sac dans un endroit sombre et chaud pendant une à deux semaines.

EXPLICATION

Ce sont des moisissures qui sont en train de « manger » le pain. La moisissure est un champignon microscopique qui raffole de l'humidité et de la chaleur et qui n'aime pas la lumière. Ainsi, elle peut se nourrir de pain rapidement dans un environnement chaud, humide et sombre.

Toutefois, toutes les moisissures ne sont pas mauvaises. Bien au contraire ! Il existe des moisissures utiles comme celles qui donnent le fromage bleu ou la pénicilline, un antibiotique qui permet de combattre les infections. Mais dans ce cas, ces microorganismes sur le pain sont mauvais et il ne faut pas manger le pain !

MISE EN GARDE

Quand on manipule de la nourriture moisie, il est important de porter des gants et de se laver les mains après l'avoir manipulée. Si on est allergique aux moisissures, on doit porter un masque.

Attention, n'ouvre pas le sac au risque de répandre une odeur très désagréable ! Quand tu auras fini ton observation, tu pourras jeter le sac et le pain à la poubelle.

QUESTION

Tu veux conserver du pain frais le plus longtemps possible. En te fiant à l'explication qui a été donnée un peu plus tôt, que devrais-tu faire pour l'empêcher de moisir ?

TYPE DE CONNAISSANCE :
Univers matériel > état gazeux ; flottabilité

DES RAISINS SECS QUI NAGENT !

As-tu déjà vu des raisins secs danser une gigue ? Tu ne perds rien pour attendre ! Voici une activité toute simple qui te fera découvrir ce qui explique la bougeotte des raisins !

CE DONT TU AS BESOIN

- 1 petite boîte de raisins secs
- 1 canette de boisson gazeuse (club soda, soda au gingembre ou Ginger Ale[MD] ou Sprite[MD]) bien froide
- 1 verre transparent

ÉTAPES À SUIVRE

1. Verse la boisson gazeuse dans le verre.

2. Ajoute une poignée ou deux de raisins secs.

QU'OBSERVES-TU ?

Au début, les raisins secs se déposent dans le fond du verre. Mais si tu attends un peu, ils vont monter à la surface. Arrivés en haut, ils redescendent. Puis encore, les raisins secs montent et descendent. Ils s'en donnent à cœur joie ! On dirait qu'ils dansent une gigue.

EXPLICATION

As-tu noté les bulles à la surface des raisins lorsqu'ils montent dans le verre ? Ces bulles sont créées par le gaz carbonique (ou dioxyde de carbone) contenu dans la boisson. La surface irrégulière des raisins retient une partie du dioxyde de carbone de la boisson gazeuse. Quand assez de bulles s'accumulent autour des raisins, elles les soulèvent vers la surface. Les bulles agissent un peu comme un gilet de sauvetage qui aide une personne à flotter. Quand les raisins arrivent à la surface du verre, les bulles éclatent et c'est la raison pour laquelle ils retombent au fond.

La présence d'un adulte est requise.

TYPE DE CONNAISSANCE :
Univers matériel > acidité, longueur d'onde

Un chou comme indicateur d'acidité

Tu peux préparer ton propre indicateur d'acidité (indicateur de pH) en faisant bouillir du chou rouge. Le jus de cuisson te servira à évaluer le degré d'acidité de divers liquides.

Ce dont tu as besoin

- 1 demi-chou rouge
- 1 couteau
- 1 casserole
- Eau
- 1 grand bol pour recueillir l'eau de cuisson
- 1 passoire
- Jus de citron
- Bicarbonate de sodium
- Eau distillée (optionnel mais recommandé)
- 3 grands verres (transparents de préférence)

Étapes à suivre

1. Émince le chou avec le couteau et dépose-le dans la casserole. Recouvre d'eau.

2. Cuis le chou pendant 20 à 30 minutes ou jusqu'à ce que le liquide soit rouge violacé.

3. Dépose une passoire sur un grand bol. Égoutte le chou de façon à recueillir le liquide dans le bol (demande à un adulte de le faire). Le liquide devrait avoir une couleur pourpre tirant sur le violet.

4. Conserve le chou pour le manger éventuellement.

5. Prépare un verre (100-125 ml) pour chaque type de solutions de test suivantes :

A. Solution acide : jus de citron
B. Solution basique : bicarbonate de sodium délayé dans un peu d'eau du robinet
C. Solution neutre : eau distillée

6. Ajoute quelques gouttes du jus de cuisson du chou dans chaque verre et note les changements de couleur. La solution acide devrait devenir rose et la basique bleue.

EXPLICATION

Le chou rouge contient des pigments appelés « anthocyanines » qui lui donnent sa couleur rouge pourpre. Les anthocyanines appartiennent à un groupe de composés chimiques nommés « flavonoïdes ». Une solution acide, par définition, contient un surplus de molécules H+ ou protons. Le pH est une mesure du degré d'acidité. Quelques acides sont plus acides que d'autres et quelques bases sont plus alcalines que d'autres.

Les scientifiques utilisent une échelle pour montrer cela. Elle s'appelle l'échelle du pH. Elle commence à 1 et va jusqu'à 14. Les acides ont des pH entre 1 et 6. Plus le pH est faible, plus l'acide est fort, et donc dangereux. Les bases ont des pH entre 8 et 14. Plus le pH est fort, plus la base est forte. À pH 7, on dit que les produits sont neutres, comme l'eau distillée. Ce ne sont ni des acides ni des bases.

Quand les anthocyanines sont en contact avec une solution basique, ils gagnent des ions hydrogène. Quand ils sont en contact avec une solution acide, ils perdent des ions H+. Ce changement de structure est suffisant pour modifier la longueur d'onde de la lumière réfléchie par les anthocyanines créant ainsi le changement de couleur selon le pH.

SAVAIS-TU QUE...

Il existe des fleurs nommées « hydrangées » dont la teinte est sensible au degré d'acidité présent dans le sol : un pH acide produit des couleurs violacées ou bleutées. Un pH basique donne des fleurs à la couleur rose à rouge. Ainsi, en ajoutant une substance acide ou basique au sol dans lequel sont plantées les fleurs, on peut changer la couleur des fleurs. Si ton jardin compte des hydrangées, fais l'expérience !

La présence d'un adulte est souhaitable pour couper le céleri.

Cette expérience dure 2 jours environ.

TYPE DE CONNAISSANCE :
Univers vivant > croissance d'une plante (besoins de la plante)

COMMENT PROUVER QUE TOUT COMME TOI LE CÉLERI BOIT?

Comment une plante se nourrit-elle ? Comment l'eau monte-t-elle des racines d'un arbre jusqu'aux feuilles de celui-ci ? Voici une expérience qui te le démontrera.

CE DONT TU AS BESOIN

- 2 grands verres transparents
- 5 ml (1 c. à thé) de colorant alimentaire rouge
- 5 ml (1 c. à thé) de colorant alimentaire bleu
- 1 céleri avec les feuilles
- 1 couteau

ÉTAPES À SUIVRE

1. Remplis les verres d'eau à la moitié.

2. Verse le colorant bleu dans un verre et le colorant rouge dans l'autre verre.

3. Demande à un adulte de couper deux branches de céleri dans le sens de la longueur en conservant les feuilles.

4. Place les branches de céleri dans les verres et laisse reposer une nuit.

Le lendemain, qu'observes-tu ?

EXPLICATION

Les plantes ont de petits tubes dans leurs parois qui permettent de pomper l'eau jusque dans leurs feuilles. Le céleri absorbe la couleur quand l'eau colorée remonte dans ces petits canaux. C'est ce qu'on appelle, en termes savants, la capillarité. C'est ce phénomène qui explique comment les arbres vont chercher l'eau dans le sol avec leurs racines, permettant ainsi à l'eau de monter jusqu'aux feuilles les plus hautes.

La présence d'un adulte peut être souhaitable pour couper les quartiers de pomme.

TYPE DE CONNAISSANCE :
Univers vivant > techniques alimentaires ; utilisation du vivant pour la consommation

COMMENT EMPÊCHER UNE POMME DE TERNIR SON IMAGE ?

Découvre pourquoi une pomme brunit une fois coupée et comment empêcher ce changement de couleur peu esthétique.

CE DONT TU AS BESOIN

- 1 pomme
- 45 ml (3 c. à soupe) de jus de citron
- 1 couteau
- 1 cuillère à soupe (optionnelle)
- 4 assiettes
- Étiquettes pour distinguer les quartiers de pomme (optionnelles)

ÉTAPES À SUIVRE

1. Coupe la pomme en quartiers. N'hésite pas à demander l'assistance d'un adulte.

2. Laisse un quartier de pomme sur une assiette sur le comptoir.

3. Place un quartier de pomme sur une autre assiette au réfrigérateur.

4. Verse le jus de citron sur les deux autres quartiers de pomme que tu auras mis dans les deux dernières assiettes. Place une de ces assiettes au réfrigérateur et laisse l'autre sur le comptoir.

5. Vérifie l'apparence des différents quartiers de pomme après quelques minutes.

Que constates-tu ? Quels sont les quartiers qui ont bruni en premier ?
Lesquels en dernier ? Note tes impressions.

Pomme au frigo avec jus de citron	
Pomme au frigo sans jus de citron	
Pomme sur le comptoir avec jus de citron	
Pomme sur le comptoir sans jus de citron	

EXPLICATION

Une fois un fruit coupé, il se colore d'un brun peu agréable. Pourquoi ? Peut-on l'éviter ?

Il y a deux agents responsables du brunissement des fruits : l'oxygène contenu dans l'air ambiant et une enzyme, la **p**oly**p**hén**o**loxidase (PPO).

Dans une pomme par exemple, on trouve des composés chimiques (appelés phénols) à l'intérieur des cellules, et l'enzyme PPO à l'extérieur. Les deux substances sont séparées par une fine membrane.

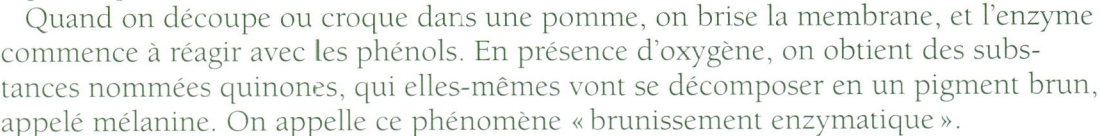

Quand on découpe ou croque dans une pomme, on brise la membrane, et l'enzyme commence à réagir avec les phénols. En présence d'oxygène, on obtient des substances nommées quinones, qui elles-mêmes vont se décomposer en un pigment brun, appelé mélanine. On appelle ce phénomène « brunissement enzymatique ».

Le brunissement est accéléré si la pomme est meurtrie, car dans ce cas les enzymes et les phénols sont déjà en contact. L'enzyme PPO est ralenti lorsque la température est fraîche (au réfrigérateur par exemple) et inhibé ou freiné quand il se trouve en présence d'un acide comme le jus de citron.

Tous les fruits et légumes contiennent des phénols et des enzymes. Les pommes, les poires, les pêches, les bananes, les avocats vont tous brunir une fois coupé mais pas tous à la même vitesse ! La vitesse de réaction dépend de l'acidité du fruit. Les fruits acides ont donc tendance à brunir moins vite. Tu peux donc empêcher que ta pomme ne ternisse son image grâce au jus de citron.

TRUC

Pour une bonne et belle salade de fruits : arrose les morceaux de fruits de jus de citron ou d'orange. La vitamine C (connue aussi sous le nom d'acide ascorbique) retarde le brunissement des fruits.

TYPE DE CONNAISSANCE :
Univers matériel > classification d'objets selon leurs propriétés et caractéristiques

LE JEU DU CULTIVATEUR

Voici un jeu pour 2 à 4 joueurs qui cultive la mémoire et la curiosité.

CE DONT TU AS BESOIN

- 1 feuille de papier par joueur
- 1 crayon par joueur
- 1 sablier ou un chronomètre
- 1 dictionnaire (optionnel mais utile pour vérifier les réponses)

RÈGLES DU JEU

1. Chaque joueur trace sur sa feuille une grille avec cinq colonnes et une rangée.

2. Chaque joueur choisit une lettre de l'alphabet. Chacun inscrit la lettre en haut de chaque colonne sur sa propre feuille.

3. Le jeu consiste à trouver un aliment dont le nom commence par chacune des lettres choisies, et ce, en une minute ou trois minutes selon ton âge ! Le but du jeu ? Trouver le plus grand nombre de noms d'aliments possibles commençant par les lettres choisies.

4. Quand le temps est écoulé, chaque participant lit ses réponses. Une bonne réponse vaut 2 points. Les marques commerciales d'aliments ne sont pas acceptées. Le gagnant est celui qui a accumulé le plus de points (maximum : 10 points).

Voici un exemple pour t'aider à démarrer.

A	C	K	P	Q

Et une solution possible :

A	C	K	P	Q
Ananas	Chayotte	Kiwi	Poireau	Quinoa

SAVAIS-TU QUE ?

La chayotte est un fruit du Mexique.

Le quinoa est une sorte de céréale.

POUR AUGMENTER LE DÉFI :

Ajoute des lettres. Au lieu de 5 lettres, le jeu peut être fait avec 7 lettres. Tu peux restreindre le choix des aliments en ne recherchant, par exemple, que des fruits.

TYPE DE CONNAISSANCE :
Univers matériel > densité

L'ŒUF FLOTTEUR

Un œuf, ça coule ou ça flotte ? Découvre-le dans l'expérience qui suit !

CE DONT TU AS BESOIN

- 1 œuf cru
- 1 grand verre
- 1 cuillère
- Eau
- Sel de table

ÉTAPES À SUIVRE

1. Remplis le verre avec l'eau du robinet et plonges-y ton œuf. Qu'observes-tu ?

L'œuf coule. Pourquoi ? Parce qu'il est plus dense que l'eau.

2. Maintenant, reprends le verre, enlève l'œuf puis verse dans le verre quelques cuillérées de sel. Mélange bien avec une cuillère et continue d'ajouter du sel jusqu'à saturation, c'est-à-dire jusqu'à ce que l'eau ne se mélange plus au sel.

3. Replonge ton œuf dans le verre. Que se passe-t-il ? L'œuf flotte !

EXPLICATION

L'eau salée est plus dense que l'eau du robinet et plus dense que l'œuf. Même si on ne le voit pas, le sel prend beaucoup de place dans l'eau et ne laisse pas de place à l'œuf. L'œuf ne peut pas traverser l'eau alors il reste à la surface. C'est la présence du sel dans la mer qui explique pourquoi on flotte dans la mer et non dans un lac ou… dans sa baignoire !

SAVAIS-TU QUE...

La courbe de l'œuf est telle qu'elle lui permet de résister aux pressions exercées de l'extérieur. L'œuf est aussi très compact. Il contient une poche d'air qui fournit de l'oxygène au futur poussin. Cette poche se trouve en général à la base de l'œuf, du côté plus gros de l'œuf. C'est pour cette raison que les œufs placés dans l'eau salée se renversent avec la pointe vers le bas, car la poche d'air tend vers le haut !

QUESTION REMUE-MÉNINGES !

Reprends le verre avec l'œuf qui flotte et sans toucher ni au verre ni à l'œuf et en n'utilisant que de l'eau du robinet, que ferais-tu pour que l'œuf coule à nouveau ?

Un adulte peut t'aider à cuire un œuf avant de commencer l'expérience.

TYPE DE CONNAISSANCE :
Univers matériel > friction ; propriétés et caractéristiques

Un œuf qui fait du break-dancing !

Quel œuf tournera le plus longtemps sur lui-même ? L'œuf cuit dur ou celui cru ?

CE DONT TU AS BESOIN

- 1 œuf cuit dur
- 1 œuf cru
- Le comptoir de la cuisine ou une surface lisse et dure

ÉTAPES À SUIVRE

1. Fais tourner les deux œufs sur le comptoir.
2. Puis, arrête les œufs et note ce qui se passe.
3. Que constates-tu ?

OBSERVATION

L'œuf cuit dur demeure immobile mais l'œuf cru bouge encore. C'est parce que le liquide à l'intérieur n'a pas cessé tout à fait de bouger quand tu as arrêté l'œuf. C'est pour cette raison que l'œuf se remet à bouger.

Mets l'œuf cru de côté. Fais tourner l'œuf cuit dur très très vite. À un certain moment, l'œuf va monter sur la pointe et tourner comme une toupie sur la pointe.

Si cela ne se produit pas du premier coup, essaie à nouveau. Il faut que l'œuf tourne très vite, soit pas loin de 10 révolutions ou tours par seconde ! Cela peut prendre quelques essais.

EXPLICATION

La friction entre la coquille et le comptoir pousse l'œuf à tourner sur sa pointe. L'œuf cuit dur dérouté par la friction change de position défiant ainsi la gravité !

Une partie de l'énergie provenant de la pirouette de l'oeuf (ou énergie cinétique) est convertie en énergie potentielle. Quand l'oeuf se tient sur sa pointe, il a plus d'énergie potentielle et moins d'énergie cinétique, du moins pour quelques secondes.

JEU-QUESTIONNAIRE

Quel œuf roulerait le plus vite le long d'une pente : l'œuf cru ou celui cuit dur ?

Eh bien c'est l'œuf dur ! Pourquoi ? Lorsqu'on fait tourner l'œuf cru, le liquide à l'intérieur est soumis à des perturbations et ne tourne pas à la même vitesse. Si deux œufs, l'un cuit dur, l'autre cru, roulent le long d'une pente constante, l'œuf cru sera légèrement freiné par le mouvement du liquide à l'intérieur. Lors de la cuisson, le blanc et le jaune se solidifient et forment un bloc compact à l'intérieur de la coquille. L'œuf devient homogène contrairement à l'œuf cru. Il roulera le long de la pente avec une vitesse légèrement supérieure.

SAVAIS-TU QUE…

Il faut 25 heures pour qu'une poule produise un œuf !

Une poule pond en moyenne 250 à 300 œufs par année.

Plus une poule avance en âge, plus la grosseur des œufs qu'elle pond augmente.

TYPE DE CONNAISSANCE :
Univers matériel > état solide, liquide et gazeux ; changements d'état

L'EAU DANS TOUS SES ÉTATS !

L'eau qui gèle forme de la glace. Pourquoi l'eau se solidifie-t-elle quand elle atteint le point de congélation ?

EXPÉRIENCE N°1

CE DONT TU AS BESOIN

- 1 verre d'eau
- Cubes de glace

ÉTAPES À SUIVRE

1. Remplis un verre d'eau du robinet

2. Jette un cube de glace dans le verre d'eau.

Que constates-tu ?
Il flotte à la surface. Naturel, n'est-ce pas ? Même si elle est constituée de la même matière, la glace est moins dense que l'eau. Un glaçon qui flotte dans un verre d'eau augmente ou diminue-t-il le niveau d'eau ? C'est quoi la densité ? Pourquoi en est-il ainsi ? Comment se forme la glace dans le congélateur ?

EXPLICATION

Tout d'abord, l'eau peut avoir trois états : solide, liquide et gazeux. Cette solidification est provoquée par le froid. Le froid peut d'ailleurs solidifier l'eau de deux façons différentes :
- soit de l'état liquide à l'état solide : on a alors de la glace ;
- soit de l'état gazeux à l'état solide : on obtient alors de la neige.

Sous l'action du froid, une molécule d'eau se lie avec quatre de ses voisines (liaisons hydrogène) formant ainsi des cristaux stables en forme de pyramide avec beaucoup d'espace vide. Ce cristal formé par cinq molécules d'eau prend plus de place que cinq molécules d'eau non reliées entre elles. Ainsi, la forme solide de l'eau prend plus de place. Voilà pourquoi l'eau gelant dans une bouteille la fait éclater !

La densité est le rapport entre la masse (ou le poids)
et le volume occupé dans l'espace.
Densité = masse (volume)

Soumises à l'effet du froid, les liaisons entre les molécules qui composent l'eau se raidissent et deviennent bien droites, complètement tendues. Une plus grande distance s'installe alors entre les molécules. C'est ainsi que la glace occupe un plus grand volume que l'eau qui la compose. À volume égal, l'eau et la glace ne contiennent donc pas la même quantité de matière, car la glace est moins dense que l'eau. Cela explique pourquoi la glace, moins dense que l'eau, flotte !

EXPÉRIENCE N° 2

CE DONT TU AS BESOIN

- 1 verre
- Glaçons
- Paille ou cuillère
- Marqueur

ÉTAPES À SUIVRE

1. Remplis un verre d'eau et verses-y quelques glaçons.

2. Fais un petit trait à l'aide d'un marqueur sur le verre pour indiquer le niveau.

3. Avec une paille ou une cuillère, remue le contenu du verre. Que remarques-tu ? Les glaçons sont en train de fondre ! Pourquoi ?

4. Vérifie le niveau de l'eau. Est-ce qu'il a bougé ? Est-ce que le verre déborde ?

SAVAIS-TU QUE...

On entend souvent parler de la montée des eaux par la fonte des icebergs et des glaces des pôles en raison du réchauffement de la planète causé par l'effet de serre. En fait, il est plus juste de dire que le niveau de la mer augmente à cause de la dilatation des océans causée par l'augmentation de la température et la fonte des glaciers terrestres.

EXPLICATION

À l'état liquide, les molécules d'eau (H_2O) sont actives ou mobiles. Plus il y a de la chaleur, plus elles bougent. C'est ce qu'on appelle l'agitation thermique. Sous la force du mouvement, les liens qui unissent les molécules se tordent et se plient aisément. Par l'agitation thermique, tu actives les molécules d'eau et c'est ce qui fait fondre les glaçons.

Les glaçons ont fondu et le niveau n'a pas bougé ! Le volume d'eau est exactement le même. Pourquoi ? Ce phénomène est expliqué grâce à deux principes : la dilatation de l'eau lors de la congélation et la poussée d'Archimède. Nous avons vu que lorsque l'eau gèle, elle prend un peu plus de place que la forme liquide. C'est le phénomène de dilatation de l'eau. Le volume de l'eau gelée augmente d'environ 10% mais sa masse ne change pas. Si par mégarde, tu oublies une bouteille de verre remplie d'eau dans le congélateur, elle éclatera car le volume devient plus important et exerce une pression sur les parois de la bouteille.

Durant l'Antiquité, c'est le Grec Archimède qui découvrit dans son bain que tout corps plongé dans un liquide subit une force du bas vers le haut égale au poids du liquide déplacé. Un glaçon plongé dans l'eau subit également cette poussée et flotte à la surface, mais le volume de glaçon immergé est de 90%. C'est également le cas pour les icebergs qui laissent apparaître 10% de leur volume total, la majeure partie soit 90% est immergée dans l'eau. Lorsqu'un glaçon est plongé dans un verre, il déplace 90% de son volume d'eau. Mais lors de sa fonte, les 10% supplémentaires constitués d'air s'échappent. En fondant, il perd ainsi 10% de son volume. On retrouve ainsi l'égalité suivante : 90% immergé = 90% d'eau dans le glaçon. Le volume d'eau n'augmente donc pas.

TYPE DE CONNAISSANCE :
Univers vivant > utilisation du vivant pour la consommation

COMMENT DÉTERMINER LA FRAÎCHEUR D'UN ŒUF ?

Dis à tes amis que tu es capable de juger de la fraîcheur d'un œuf sans même avoir à y goûter ! Lis ce qui suit pour découvrir comment.

CE DONT TU AS BESOIN

- 1 œuf du marché
- 1 œuf qui a séjourné plusieurs jours au réfrigérateur

ÉTAPES À SUIVRE

1. Plonge l'œuf du marché dans l'eau.

2. Puis plonge l'œuf qui est resté de nombreux jours au frigo dans l'eau. Qu'observes-tu ?

SAVAIS-TU QUE...

La durée de conservation d'un œuf est de quatre semaines après la date de ponte. Pour des raisons de fraîcheur et pour limiter le risque de prolifération de salmonelles, il est conseillé de conserver les œufs au frais.

Les œufs perdent plus rapidement leur fraîcheur en restant un jour à la température ambiante qu'une semaine au réfrigérateur.

EXPLICATION

L'œuf tout frais coule au fond de l'eau alors qu'un œuf vieillot remontera. Au fur et à mesure qu'un œuf « vieillit », la poche d'air qu'il contient augmente ce qui le fait flotter à la surface de l'eau. Tu sais maintenant reconnaître un œuf frais. Sache qu'on peut toujours utiliser un œuf vieillot dans les recettes de muffins ou de gâteaux.

L'assistance d'un adulte est utile.

Le résultat de cette expérience est visible après quelques heures.

TYPE DE CONNAISSANCE :
Univers vivant > techniques alimentaires

COMMENT FAIRE DU FROMAGE ?

Apprends à faire du fromage frais avec cette recette toute simple.

CE DONT TU AS BESOIN

- 1 l (4 tasses) de lait 3,25 %
- 45 ml (3 c. à soupe) de vinaigre blanc
- 30 ml (2 c. à soupe) d'eau froide
- 2 linges à vaisselle propres
- 1 bol
- 1 casserole

ÉTAPES À SUIVRE

1. Fais chauffer le lait dans une casserole moyenne. Amène-le à ébullition en brassant. Réduis le feu dès que ça bout.

2. Ajoute le vinaigre et l'eau. De petits caillots devraient se former. Laisse mijoter jusqu'à ce que le liquide se sépare du solide (environ 5 minutes).

3. Retire du feu et verse ce mélange sur un linge à vaisselle déposé sur un bol.

4. Égoutte et vide l'eau dans l'évier. Attention, c'est chaud. Rince le mélange à l'eau froide à deux reprises et égoutte chaque fois. Ensuite, laisse égoutter dans le linge à vaisselle une demi-heure.

5. Pétris le fromage de façon à former une galette. Enveloppe cette galette dans l'autre linge sec. Pour plus de saveur, ajoutes-y un peu de sel et des fines herbes. Puis déposes-y un objet lourd de façon à ce que la galette soit écrasée. Attends quelques heures.

6. Après 2 à 3 heures, ton fromage est prêt à être dégusté ! Tu peux aussi le servir avec des fruits frais et un filet de sirop d'érable !

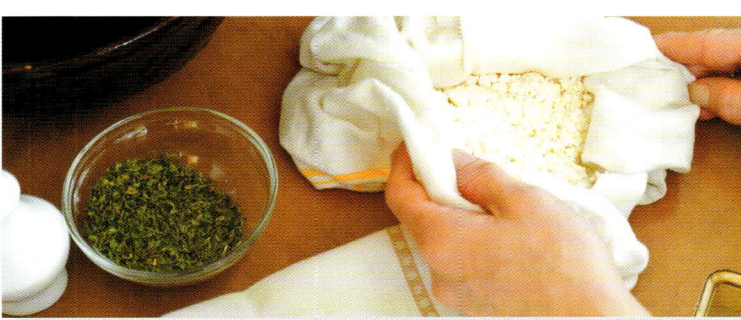

REMARQUE

Le fromage blanc, une fois produit, se garde 24 à 48 h au réfrigérateur dans un récipient hermétique.

EXPLICATION

Le lait est constitué d'eau, de lactose (le sucre du lait), de caséine (une protéine), de gras et de sels minéraux. À l'air ambiant, le lait s'acidifie. Cela est dû à la présence de champignons microscopiques. En se nourrissant du lactose du lait, ces champignons produisent un acide qui fait coaguler la caséine. La masse granuleuse contenant cette caséine s'appelle le caillé et le liquide qui se sépare est appelé le petit-lait. De la même façon, le vinaigre fait tourner le lait et favorise la formation rapide du caillé. Tous les fromages sont élaborés à partir de lait caillé.

SAVAIS-TU QUE...

Le fromage cottage est un fromage frais. Pendant des siècles, le fromage cottage était fabriqué par les gens dans leurs cuisines, et ce, à travers l'Europe. Le fromage cottage est appelé ainsi parce que les fermiers le fabriquaient dans leurs cottages, un cottage étant un type d'habitation !

Cette expérience se déroule pendant quelques jours.

TYPE DE CONNAISSANCE :
Univers vivant > utilisation du vivant pour la consommation

QUAND UN FRUIT SUBIT UN DUR COUP

Qu'est-ce qui gâte un fruit plus rapidement ? Qu'arrive-t-il quand un fruit est « blessé » ?

CE DONT TU AS BESOIN

- Un fruit, par exemple une orange, une pomme, une poire, une pêche ou une prune

ÉTAPES À SUIVRE

1. Prends un fruit et laisse-le tomber par terre ou donne-lui un petit coup.

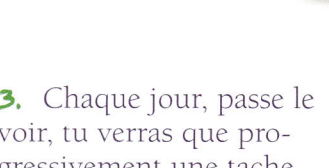

2. Reprends-le et mets-le dans un lieu tranquille, sans le toucher pendant quelques jours…

3. Chaque jour, passe le voir, tu verras que progressivement une tache verte ou blanche grossira.

4. Regarde-la de plus près, sans la toucher. Tu sentiras aussi une odeur assez forte.

BON À SAVOIR !

Avant de manger un aliment :
- il faut regarder son apparence, sentir son odeur ;
- pour certains aliments, il faut les conserver au froid.

OBSERVATION

Ce sont toujours des petits champignons, les moisissures, qui sont en train de manger le sucre des fruits. Lorsque tu les vois il ne faut pas manger l'aliment !

EXPLICATION

Les aliments ne se conservent pas tous longtemps, certains doivent être mangés rapidement sinon des petits êtres vivants viennent les manger avant nous.

Ces petits êtres mangent ce qui est sucré, respirent comme nous et rejettent sur l'aliment des déchets qui lui donnent une mauvaise odeur et un mauvais goût. Donc attention ! Si on les mange on peut être malade !

TYPE DE CONNAISSANCE :
Univers vivant > techniques alimentaires

COMMENT PRÉPARER UNE BOISSON GAZEUSE ?

Prépare toi-même ton soda à l'orange.

CE DONT TU AS BESOIN

- Cuillère à mesurer
- Bicarbonate de sodium
- 1 verre de jus d'orange (environ 250 ml - 1 tasse)
- 1 verre d'eau (environ 250 ml - 1 tasse)

ÉTAPES À SUIVRE

1. Ajoute 2 ml (½ c. à thé) de bicarbonate de sodium dans le verre d'eau et mélange bien.

2. Ajoute 2 ml (½ c. à thé) de bicarbonate de sodium dans le verre de jus d'orange et mélange bien.

EXPLICATION

Rien ne se passe dans le verre d'eau. Mais dans le verre de jus d'orange, tu peux remarquer des bulles. Tu as préparé un soda à l'orange ! Comme le jus d'orange est acide, quand tu ajoutes du bicarbonate de sodium à un liquide acide, du gaz carbonique est créé. Les bulles qui se forment dans le jus sont en fait des bulles de gaz carbonique.

SAVAIS-TU QUE...

L'histoire du soda remonte à l'invention de l'eau gazeuse, procédé développé par le Britannique Joseph Priestley dans les années 1770. La technique de Priestley est reprise et améliorée par Johann Jacob Schweppe dans les années 1780. En 1790, Schweppe ouvre à Londres la première usine de soda du monde, connue depuis sous le nom de Schweppes. Parmi les plus anciennes boissons gazeuses commercialisées figurent le « flotteur » (un mélange de soda et de crème glacée), la root beer (1850) le Dr Pepper (1885) le Coca-Cola (1886) ou encore Pepsi-Cola (1898).

TYPE DE CONNAISSANCE :
Univers vivant > utilisation du vivant pour la consommation

UN JEU-QUESTIONNAIRE HAUT EN COULEURS !

Les épices proviennent toutes de végétaux et poussent donc dans la nature. La plupart des épices (la cannelle, le gingembre, la noix de muscade, le safran, le poivre, etc.) proviennent d'Asie. De nos jours, cependant, plusieurs d'entre elles sont cultivées un peu partout dans le monde. Autrefois, elles servaient à l'élaboration de remèdes. De nos jours, les épices font encore partie de nos vies dans la cuisine.

JEU-QUESTIONNAIRE

Teste tes connaissances. Peux-tu dire ce que chaque épice est en réalité ? Associe la lettre au chiffre.

1.	Grain de poivre	A.	Pistil de la fleur
2.	Cannelle	B.	Noix
3.	Muscade	C.	Racine
4.	Safran	D.	Fruit séché
5.	Gingembre	E.	Écorce
6.	Clous de girofle	F.	Graines
7.	Moutarde	G.	Bourgeon

SAVAIS-TU QUE...

On ne peut pas considérer le sel comme une épice, puisqu'il est d'origine minérale. Tous les assaisonnements qui ne sont pas d'origine végétale ou qui constituent un mélange de plusieurs épices sont appelés condiments.

RÉPONSES

1. D.
Le grain de poivre n'est rien d'autre que le fruit séché d'une sorte de liane qu'on appelle le poivrier. Eh oui, le poivre pousse dans les arbres !

2. E.
La cannelle est l'écorce du cannelier, un arbuste cultivé au Sri Lanka, en Inde et en Chine. L'écorce s'enroule en séchant au soleil et forme de fins cylindres qui peuvent être réduits en poudre. C'est une des épices les plus utilisées du monde.

3. B.
La muscade provient du muscadier, un arbre tropical originaire d'Indonésie. Son fruit possède un noyau entouré d'une enveloppe fibreuse et qui renferme une amande odorante : la noix de muscade proprement dite.

4. A.
Le safran est formé par les stigmates séchés du pistil d'une variété de fleur appelée crocus. Le pistil est d'une couleur orangée intense. C'est l'épice la plus chère du monde : il faut 66 000 fleurs pour produire un kilo de safran !

5. C.
Le gingembre est une racine qui ressemble parfois à un petit bonhomme.

6. G.
Les clous de girofle sont les bourgeons séchés des fleurs d'un bel arbre tropical.

7. F.
La moutarde provient des graines d'une plante qui aime le soleil. Cette plante est couronnée de grappes de fleurs d'un jaune vif. Les fleurs donnent naissance à une capsule qui contient entre 4 et 8 graines de moutarde jaune pâle.

Cette expérience dure 2 jours environ.

TYPE DE CONNAISSANCE :
Univers vivant > techniques alimentaires

BON COMME DU BON PAIN !

Pourquoi le pain durcit-il ? Découvre le secret pour garder un pain tendre.

CE DONT TU AS BESOIN
- 1 morceau de pain

ÉTAPES À SUIVRE

1. Laisse un morceau de pain un ou deux jours à l'air libre.

Que constates-tu ?

EXPLICATION

L'eau que contient le pain s'évapore lentement et disparaît. En plus de la perte d'eau, le pain devient dur en raison d'une dégradation de l'amidon qu'il contient, un type de sucre dit complexe à cause de sa structure. Souviens-toi que le pain est préparé avec de la farine (de blé le plus souvent) et la farine est une source d'amidon.

SAVAIS-TU QUE ?

- Les bergers, dans la montagne, enveloppent le pain dans un linge humide pour le conserver mou plus longtemps.
- L'expression « Bon comme du bon pain » qualifie une personne incapable de malveillance.

Cette expérience dure 2 jours environ.

TYPE DE CONNAISSANCE :
Univers matériel > déshydratation

UNE POIRE QUI N'A PLUS DE JUS !

Vois comment enlever l'eau d'une poire.

CE DONT TU AS BESOIN

- 1 poire
- 1 cuillère
- 1 bol
- 15 ml (1 c. à soupe) de sel
- Pellicule plastique

ÉTAPES À SUIVRE

1. Creuse un trou dans la poire de la taille d'une cuillère à soupe.

2. Place la poire dans un bol et remplit le trou de sel.

3. Couvre le bol d'une pellicule plastique et laisse le tout reposer une nuit.

Le lendemain, que constates-tu ?

EXPLICATION

Le trou dans la poire s'est rempli d'eau, car les molécules de l'eau sont attirées par les molécules de sel. C'est ainsi que l'eau contenue dans la poire s'en va vers le trou contenant le sel.

SAVAIS-TU QUE...

L'expression « être dans le jus » qui signifie « en avoir par-dessus la tête ou être débordé » est typiquement québécoise.

TYPE DE CONNAISSANCE :
Univers matériel > évaporation

La présence d'un adulte est requise.

N'oublie pas ! Une minute maximum au micro-ondes sinon dégât assuré !

Une guimauve qui s'enfle la tête !

Un effet monstre assuré : les guimauves vont grossir à vue d'œil !

Ce dont tu as besoin

- Des guimauves
- Des plats en carton ou du papier essuie-tout
- Un micro-ondes
- Du colorant alimentaire
- Des cure-dents

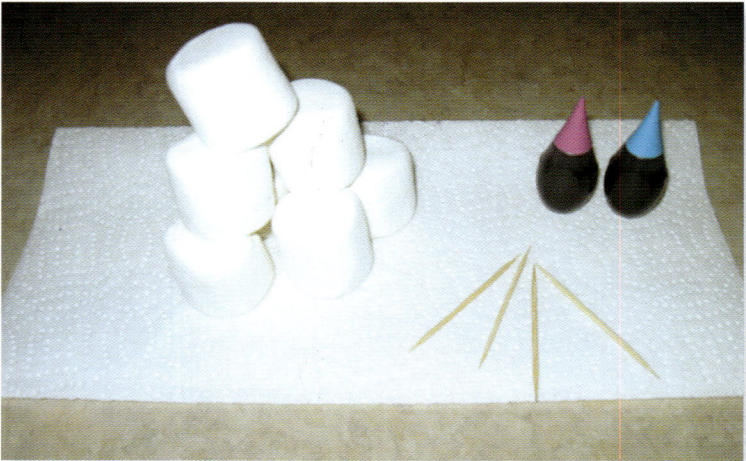

Mise en garde : Ne mets pas les guimauves au micro-ondes plus de 2 minutes. Sinon, la couleur des guimauves tournera au brun foncé et tu auras à essuyer tout un dégât !

Étapes à suivre

1. Trempe un cure-dents dans du colorant alimentaire et dessine un visage sur une guimauve.

2. Place la guimauve avec le visage sur un plat ou sur un papier de type essuie-tout.

3. Ajoute une autre guimauve (nature) sur le plat à une bonne distance pour éviter qu'elles ne se touchent.

4. Mets le plat au micro-ondes et règle la minuterie à **60 secondes** ou **une minute** (haute intensité).

5. Regarde à travers la fenêtre du four. Après environ 20 secondes, tu verras les guimauves enfler et se gonfler au point de devenir 4 fois plus grosses ! Le visage de la guimauve se déformera sous l'effet de la chaleur.

6. Quand le micro-ondes s'arrête, retire le plat et laisse-le sur le comptoir quelques minutes.

7. Prends une guimauve et découpe-la en deux. Y a-t-il un creux à l'intérieur ? La couleur à l'intérieur est-elle la même que celle à l'extérieur ? Quand tu la manges, est-elle molle ou croquante ?

8. Laisse l'autre guimauve refroidir une autre minute. Observe-la. Au fur et à mesure que la guimauve rapetisse, tu pourras l'étirer dans tous les sens et lui donner la forme que tu veux ! La guimauve conservera la forme que tu lui donneras et deviendra croquante en refroidissant. Tu peux la manger si tu veux.

EXPLICATION

Les guimauves sont composées essentiellement de sucre et d'eau entourées d'une multitude de bulles d'air. Quand on les cuit dans un micro-ondes, les molécules d'eau se mettent à bouger et à vibrer, ce qui augmente leur température. Ce qui réchauffe le sucre de la guimauve qui se ramollit alors et réchauffe aussi les bulles d'air. Les bulles d'air emprisonnées dans la guimauve veulent sortir ! Elles poussent contre la surface de la guimauve. Comme la guimauve est plus molle (le sucre est chaud), les bulles prennent de l'espace, de l'expansion et la guimauve grossit à vue d'œil ! Si la guimauve grossit trop, des bulles d'air éclatent et la guimauve se dégonfle comme un ballon crevé ! Quand on sort la guimauve du four, l'eau s'évapore de la guimauve toute chaude.

À la température de la pièce, le sucre se refroidit et les bulles d'air se rétractent. La guimauve durcit et devient croustillante. Si on laisse la guimauve trop longtemps à la chaleur, l'intérieur devient brun, voire noir. Cela arrive quand le sucre contenu dans la guimauve commence à brûler.

SAVAIS-TU QUE...

Dans l'Égypte ancienne, on fabriquait une sucrerie avec le miel et la racine séchée de la guimauve. Hé oui ! La guimauve est une plante des marais et des bords de mer. De nos jours, les guimauves sont des sucreries fabriquées avec du sucre et de la gélatine.

La présence d'un adulte est requise.

Cuisson requise.

Le résultat de cette expérience est visible après quelques heures.

TYPE DE CONNAISSANCE :

Univers matériel > mélanges ; produits domestiques

Un modèle de pâte à modeler !

Voici une recette pour confectionner sa propre pâte à modeler avec des ingrédients qu'on trouve dans la cuisine. La pâte à modeler se conserve très bien au réfrigérateur dans des boîtes hermétiques ou dans un sac de congélation. Pour plus de commodité, on peut opter pour un sac de congélation par couleur que l'on rangera dans une boîte à lingettes avec de petits emporte-pièces, des ustensiles en plastique par exemple afin de tout avoir à portée de main en un clin d'œil !

Ce dont tu as besoin

- 1 petite bougie de style lampion
- 30 ml (2 c. à soupe) d'huile
- 250 ml (1 tasse) de farine
- 125 ml (½ tasse) de sel
- 10 ml (2 c. à thé) de crème de tartre
- 250 ml (1 tasse) d'eau
- Colorant
- Papier ciré
- Sacs de plastique (idéalement refermables de type Ziploc©)

Pour une variante de pâte parfumée et colorée.
Mélange l'eau à une préparation de poudre pour boisson non sucrée (exemple : Kool-Aid[MD] sans sucre). Laisse reposer 5 minutes, puis suis la recette.

ÉTAPES À SUIVRE

1. Chauffe l'huile dans une casserole moyenne

2. Ajoute les autres ingrédients ainsi que la bougie et cuis à feu moyen pendant 3 minutes en brassant constamment.

3. Retire et jette le reste de la bougie qui n'aura pas fondu s'il y a lieu.

4. Vide le mélange sur un papier ciré et laisse refroidir.

5. Réfrigère dans des sacs plastiques 24 heures avant de l'utiliser.

AU MOMENT DE JOUER

Il est préférable de mettre une toile cirée sur ton espace de modelage. À toi de modeler au gré de tes envies !

SAVAIS-TU QUE...

La crème de tartre est un sous-produit de la fabrication du vin. Elle est employée dans les recettes culinaires comme agent levant, surtout pour les pâtisseries. On la trouve en Amérique dans les épiceries sous forme de poudre blanche. Tu peux la trouver au supermarché le plus souvent au comptoir des produits en vrac ou au rayon des épices.

En Europe, elle se trouve en pharmacie. La crème de tartre est souvent utilisée pour stabiliser les blancs d'œufs battus dans les gâteaux des anges, les gâteaux éponge, les gâteaux mousseline, les meringues et les soufflés, et pour empêcher la cristallisation du sucre en confiserie.

TYPE DE CONNAISSANCE :

Univers matériel > mélanges ;
produits domestiques

LA FÉCULE DE MAÏS POUR LES ARTISTES EN HERBE !

Apprends à créer une sorte d'argile avec de la fécule de maïs et façonne des décorations à l'occasion de certaines fêtes. Par exemple, des cornes d'abondance, des fruits ou des légumes à l'Action de grâces, des citrouilles à l'Halloween ou des animaux à l'arrivée du printemps ou des décorations à accrocher à l'arbre de Noël.

CE DONT TU AS BESOIN

- 500 ml (2 tasses) de bicarbonate de sodium
- 300 ml (1 ¼ tasse) d'eau
- 250 ml (1 tasse) de fécule de maïs
- 1 casserole
- 1 cuillère de bois
- 1 bol ou une assiette creuse
- 1 linge humide
- 1 rouleau à pâte
- Emporte-pièces
- Papier parchemin (optionnel)

ÉTAPES À SUIVRE

1. Mélange bien le bicarbonate de sodium et la fécule de maïs dans une casserole.

2. Ajoute l'eau en mélangeant jusqu'à ce que la pâte soit lisse.

3. Fais chauffer à feu moyen en remuant sans arrêt jusqu'à l'obtention d'une consistance similaire à celle de la purée de pommes de terre sèche.

4. Verse la pâte dans un bol ou une assiette creuse.

5. Recouvre-la d'un linge humide jusqu'à ce qu'elle soit refroidie mais pas complètement sèche.

COMMENT CRÉER DES DÉCORATIONS?

- Lorsque la pâte est encore tiède, verse-la sur un papier parchemin ou sur une surface propre et sèche et saupoudrée de fécule de maïs.
- Pétris la pâte jusqu'à ce qu'elle soit lisse et malléable. Si tu veux, tu peux conserver la pâte jusqu'à deux semaines dans un sac ou un contenant hermétique dans un endroit frais.
- Quand tu souhaites créer tes décorations, roule la pâte à l'aide d'un rouleau à pâte jusqu'à l'épaisseur désirée.
- Utilise un couteau pour tailler des formes ou mieux encore utilise des emporte-pièces.
- À l'aide d'un crayon, perce un trou dans lequel tu pourras passer une attache-feuilles en guise de crochet ou un ruban lorsque la forme sera terminée et prête à être accrochée.
- Laisse aller ton imagination! Tu peux tracer des motifs à l'aide d'un crayon à mine ou le bout d'une cuillère (yeux, sourire, etc.).
- Laisse sécher les formes sans y toucher pendant toute une nuit. Si tu veux, tu peux, par la suite, les peindre avec de la gouache ou les colorer aux marqueurs ou aux crayons de cire ou même coller des décorations.

TU PEUX COLORER LA PÂTE LORSQU'ELLE EST ENCORE TIÈDE EN AJOUTANT PAR EXEMPLE :

- du jus de carotte ou du safran pour obtenir du jaune
- de la cannelle pour un beige parfumé
- du jus de betterave pour un rouge tirant un peu sur le violet
- du paprika pour une teinte orange
- du jus de mûres pour un beau bleu
- du cacao en poudre pour un agréable brun
- du jus d'épinards pour un joli vert
- du café ou du thé noir pour obtenir une couleur noire
- du cari pour une couleur ocre

ou bien, les colorants alimentaires du commerce… Plus la concentration du colorant choisi est forte, plus la couleur sera vive.

SAVAIS-TU QUE...

La fécule est une poudre extraite de diverses plantes. On utilise soit les tubercules, soit les rhizomes ou les graines. Elle possède des propriétés gélifiantes qui servent à épaissir les sauces.

IL EXISTE DIVERSES FÉCULES :

- Arrow-root ou fécule de Toloman, à base de rhizomes ou des bulbes de plantes tropicales

- Fécule de maïs
- Fécule de pommes de terre
- Maizena, fécule agro-industrielle
- Sagou, à base de moelle de divers palmiers
- Tapioca, à base des racines du manioc

Tapioca, à base des racines du manioc

DÉBROUSSAILLONS LES TERMES !

Rhizome
Un rhizome est la racine souterraine de certaines plantes. Par exemple, le gingembre frais est une sorte de rhizome. Certains rhizomes se développent et deviennent des tubercules : c'est le cas de la pomme de terre, de la patate douce, de l'igname et du topinambour.

Tubercule
Botaniquement parlant, le tubercule c'est une réserve souterraine de sucres pour assurer la survie de la plante durant l'hiver.

Le résultat de cette expérience est visible après quelques minutes.

TYPE DE CONNAISSANCE :
Univers matériel > mélanges

CRÉE UN TOURBILLON DE COULEURS

Apprends à créer un effet haut en couleur simplement en mélangeant du lait, de l'huile et des colorants.

CE DONT TU AS BESOIN

- Lait 2 % ou 3,25 %
- Colorants alimentaires de couleurs variées
- Huile végétale (par exemple huile de canola, d'olive, de tournesol, etc.)
- 1 grand verre transparent

ÉTAPES À SUIVRE

1. Verse le lait dans le verre.
2. Verse une goutte de chaque colorant près d'un rebord du verre.
3. Verse une goutte d'huile dans le lait en plein centre.

NOTE

Il faut laisser reposer le lait durant l'expérience pour que l'effet se produise. Parfois, il faut un peu de temps.

Quel effet observes-tu ? Après un certain temps (15 à 30 minutes), les couleurs formeront des tourbillons et se mélangeront. Plus le lait est gras, plus l'effet est marqué. Saurais-tu dire pourquoi ?

EXPLICATION

Le lait est un mélange de matières grasses et d'eau. L'huile est soluble seulement dans le gras. L'huile cause un courant permettant ainsi aux colorants alimentaires de circuler et de se mélanger au lait en créant de jolis dessins.

La présence d'un adulte est requise.

TYPE DE CONNAISSANCE :
Univers matériel > gaz et consommation d'oxygène

COMMENT ÉTEINDRE UNE BOUGIE SANS SOUFFLER DESSUS ?

Savais-tu qu'en mélangeant du vinaigre avec du bicarbonate de sodium dans un verre contenant une bougie allumée, cette dernière s'éteint ? Un effet à couper le souffle !

CE DONT TU AS BESOIN

- 1 petite bougie (style lampion)
- 1 bocal de verre (un bocal étroit est préférable)
- 5 ml (1 c. à thé) de vinaigre
- 10 ml (2 c. à thé) de bicarbonate de sodium

Mise en garde : *Il faut être prudent avec le feu. Il est préférable qu'un adulte soit présent et manipule la bougie.*

ÉTAPES À SUIVRE

1. Saupoudre le bicarbonate de sodium dans le bocal de verre.

2. Place la bougie dans le contenant de verre.

3. Allume la bougie.

4. Verse du vinaigre dans le contenant en évitant la flamme jusqu'à ce que cela commence à pétiller.

5. Observe la bougie. Après un certain temps, que notes-tu ? La flamme devrait s'éteindre.

EXPLICATION

L'ajout de vinaigre au bicarbonate de sodium entraîne une réaction qui produit du gaz carbonique (CO_2). Contrairement à l'oxygène (O_2), le gaz carbonique n'est pas un combustible pour la flamme. Le CO_2 est plus lourd que les autres gaz qui composent l'atmosphère (comme l'oxygène) et reste au fond du contenant. Si beaucoup de gaz est produit, il atteindra le niveau de la flamme. Quand il y a beaucoup de CO_2 autour de la flamme, celle-ci ne peut plus utiliser l'oxygène et étouffée, elle s'éteint.

TYPE DE CONNAISSANCE :
Univers matériel > mélanges ; état gazeux

COMMENT GONFLER UN BALLON SANS SE DÉGONFLER !

Tu peux gonfler un ballon avec ta bouche, mais tu peux aussi le faire sans t'essouffler ni te fatiguer ! Apprends comment.

CE DONT TU AS BESOIN

- 1 ballon
- 1 petit entonnoir
- 15 ml (1 c. à soupe) de bicarbonate de sodium
- 150 ml (⅔ tasse) de vinaigre
- 75 ml (⅓ tasse) d'eau
- 1 bouteille de jus ou de boisson gazeuse vide (avec un goulot étroit)

ÉTAPES À SUIVRE

1. Dépose la bouteille au fond d'un évier.

2. Verse l'eau dans la bouteille à l'aide de l'entonnoir.

3. Ajoute le bicarbonate de sodium dans la bouteille avec l'entonnoir et attends que tout soit bien dissous.

4. Étire le ballon pour le rendre plus facile à gonfler. Utilise de préférence un ballon souple plus facile à gonfler.

5. Verse le vinaigre dans la bouteille avec l'entonnoir.

6. Retire vite l'entonnoir et place aussitôt le col du ballon autour du goulot de la bouteille.

SAVAIS-TU QUE...

C'est un peu la même chose qui arrive lorsqu'on met de la levure dans les gâteaux ou les muffins. Il y a production de gaz carbonique. C'est pourquoi ils lèvent !

RÉSULTAT

En se mélangeant, le bicarbonate de sodium et le vinaigre produisent un gaz appelé « gaz carbonique ». Le gaz occupe plus d'espace qu'il n'y en a dans la bouteille. Alors il remplit le ballon qui se gonfle.

L'assistance d'un adulte est utile.

TYPE DE CONNAISSANCE :
Univers matériel > mélanges ; transformation de la matière

UNE RECETTE POUR FAIRE DU PAPIER MÂCHÉ

Voici une recette pour confectionner du papier mâché. Pendant qu'un adulte prépare la colle, les enfants peuvent déchirer le papier journal en bandes pour recouvrir diverses formes.

CE DONT TU AS BESOIN

- 250 ml (1 tasse) d'eau froide
- 125 ml (½ tasse) de farine
- 1 casserole
- 1,25 l (5 tasses) d'eau
- Du papier journal déchiré en bandes
- Des formes à recouvrir (ex. : bouteilles, masques en plastique, etc.)

ÉTAPES À SUIVRE

1. Mélange la farine et 250 ml (1 tasse) d'eau froide jusqu'à l'obtention d'un mélange lisse et homogène.

2. Fais chauffer 1,25 l (5 tasses) d'eau. L'eau doit être frémissante mais non bouillante.

3. Verse le mélange de farine et d'eau dans l'eau très chaude.

4. Réduis le feu et laisse cuire à feu doux de 3 à 4 minutes en brassant le mélange. La préparation doit devenir gluante mais non solide. Si elle semble trop liquide, ajoute de la farine. Si elle semble trop solide, ajoute de l'eau.

5. Laisse tiédir.

LORSQUE LA COLLE EST REFROIDIE,

1. Trempe chaque bande de papier dans la colle (pas trop longtemps, car la bande va se désagréger).

2. Essore le surplus de colle en passant la bande entre deux doigts.

3. Colle la bande sur la bouteille ou la forme.

La colle peut se conserver 1 à 2 jours dans un pot étanche.

SAVAIS-TU QUE...

Jeu traditionnel mexicain, la piñata est une activité très appréciée pour une fête d'anniversaire d'enfants Il trouve ses origines dans les traditions religieuses. Le mot piñata (prononce pignata) signifie « pot fragile » car à l'époque, on utilisait un récipient en terre. Maintenant, c'est un objet en papier mâché, décoré de couleurs vives, rempli de bonbons et de surprises que l'on suspend avec une ficelle ou un fil de fer le plus souvent à la branche d'un arbre. Les enfants aiment casser la piñata à l'aide de coups de bâton pour la faire exploser et ramasser les surprises !

« Connais-tu l'expression avoir une figure de papier mâché ? Cela veut dire avoir un visage d'une pâleur maladive. »

TYPE DE CONNAISSANCE :
Univers matériel > produits domestiques courants

S'IMPROVISER PEINTRE AVEC LA NOURRITURE

L'industrie chimique s'est développée au XIXe siècle. La palette du peintre ne comportait que des mélanges de substances naturelles. Ainsi, avant que les feutres et les crayons de couleur soient inventés, on utilisait divers aliments, de la moutarde aux betteraves, pour obtenir les couleurs ou pigments.

Les colorants contenus dans les aliments seront utilisés pour fabriquer ta propre peinture. Demande-toi quelle couleur peut être tirée de chacun des aliments choisis. Cette activité te permettra de laisser libre cours à ta créativité.

CE DONT TU AS BESOIN

- Divers aliments (moutarde sèche, paprika, cacao, fraises, cari, betteraves, mûres, zeste d'un citron ou d'une orange, carottes, graines de céleri, graines de moutarde, curcuma, safran, feuilles d'épinards, bleuets, café fort, moût de café, pelures d'oignon, etc.)
- Papier aquarelle
- Eau
- Pinceaux
- Moule à muffins (ou petites soucoupes ou petits godets)
- Cuillères
- Tasse à mesurer (optionnel)
- Compte-gouttes (optionnel)

ÉTAPES À SUIVRE

1. Dispose dans le moule à muffin les échantillons. Par exemple, un peu de paprika dans un espace à muffin et du cacao dans un autre.

2. Ajoute de l'eau tout simplement. La tasse à mesurer ou le compte-gouttes peuvent être utiles.

3. À l'aide d'une cuillère, remue jusqu'à l'obtention d'une consistance proche de celle de la peinture.

4. En utilisant cette peinture, crée une œuvre souvenir.

TRUC

Utilise un pinceau différent pour chaque couleur.

SAVAIS-TU QUE...

Pour pousser l'exploration des ressources que nous fournit la nature, on peut fabriquer ses propres pinceaux à partir d'une plume d'oiseau, d'une brindille.

TYPE DE CONNAISSANCE :
La Terre et l'Espace > la lumière

UNE BOUCHE SCINTILLANTE !

On ne doit pas manger la bouche ouverte. Mais dans l'activité qui suit, on fera exception !

CE DONT TU AS BESOIN

- 1 miroir
- 1 pièce obscure
- 1 rouleau de bonbons LifeSaver^{MD} saveur Wint-O-Green

ÉTAPES À SUIVRE

1. Tu dois te retrouver dans l'obscurité complète. Attends quelques instants que tes yeux s'adaptent à la noirceur.

2. Croque dans un bonbon LifeSaver^{MD} saveur Wint-O-Green la bouche ouverte. Profites-en ! C'est une des rares fois dans ta vie où tu peux croquer ou mâcher la bouche ouverte !

3. Regarde dans le miroir ! Qu'est-ce qui se passe ? Tu devrais voir le bonbon scintiller dans ta bouche pendant que tu le croques !

EXPLICATION

Quand tu croques un bonbon LifeSaver^{MD} Wintergreen, tu produis de la lumière par friction. Le nom savant pour ce phénomène est la triboluminescence. Ce terme vient du grec *tribal* qui signifie frotter et du latin *lumiduc* pour lumière.

La triboluminescence est un phénomène optique dans lequel la lumière est engendrée par la cassure de liens asymétriques dans un cristal ou quand ce matériau est gratté, cassé ou frotté. C'est une variante de la luminescence.

Quand des cristaux de sucre sont écrasés, de petits champs électriques sont créés, séparant des charges positives et négatives qui provoquent des étincelles pendant qu'on essaye de les réunir. En plus de produire de la lumière bleue ou violette, les cristaux écrasés produisent des rayons ultraviolets qu'on ne peut pas voir. Les bonbons LifeSaver^{MD} Wintergreen sont composés en partie de salicylate de méthyle qui convertit la lumière ultraviolette en lumière visible bleue, ce qui rend l'effet plus éclatant, plus lumineux !

SAVAIS-TU QUE...

Un diamant peut commencer à luire alors qu'il est frotté. Cela arrive occasionnellement aux diamants lorsqu'une face est polie ou coupée pendant le processus de la taille. Les diamants peuvent avoir une fluorescence bleue ou rouge.

N'hésite pas à demander l'aide d'un adulte pour couper le citron en quartiers.

TYPE DE CONNAISSANCE :
Univers matériel > produits domestiques

DU CITRON POUR QUE ÇA BRILLE !

Pour nettoyer et faire reluire comme un sou neuf, découvre les propriétés du citron ! Prépare une démonstration digne d'une foire commerciale devant un auditoire intrigué par le jus de citron.

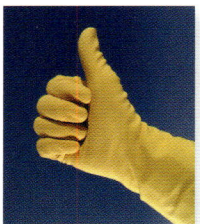

CE DONT TU AS BESOIN

- 1 bol
- 5 ml (1 c. à thé) de bicarbonate de sodium
- 1 cuillère à mesurer
- 1 cuillère ou paille pour remuer
- 1 citron frais
- Couteau pour découper le citron en quartiers
- 10 ml (2 c. à thé) de détergent à vaisselle
- Papier essuie-tout

ÉTAPES À SUIVRE

1. Coupe le citron en quartiers ou demande à un adulte de le faire pour toi

2. Prépare à l'avance le mélange suivant dans un bol :

A. Mélange le bicarbonate de sodium avec le détergent à vaisselle.

B. Remue pour bien dissoudre le bicarbonate de sodium.

3. Invite des gens à assister à ta démonstration. Tu peux te placer près d'un comptoir.

4. Commence ta présentation avec assurance en informant ton auditoire que tu peux nettoyer une surface de travail comme un comptoir à partir de citrons. Pour donner une impression de professionnalisme, tu pourrais même revêtir un sarrau.

5. Extrais devant les curieux le jus de 2 à 3 quartiers de citron au-dessus du bol qui contient le mélange de détergent et de bicarbonate de sodium.

6. Le mélange va mousser. Étends la mousse sur le comptoir.

7. Passe un papier essuie-tout sec sur la surface du comptoir pour l'opération nettoyage.

8. Avec un papier essuie-tout humide, enlève tout résidu de bicarbonate de sodium qui pourrait rester sur le comptoir. Et voilà pour l'opération de rinçage.

Voilà ! Tu peux demander à tes spectateurs leurs impressions.

EXPLICATION

Quand le jus de citron se mélange au bicarbonate de sodium, une mousse se forme automatiquement et des bulles odorantes se dégagent ! L'acide contenu dans le jus de citron interagit avec le bicarbonate de sodium, une base. Cette réaction provoque la production de gaz carbonique et cela rend le détergent à vaisselle encore plus mousseux !

SAVAIS-TU QUE...

Les citronniers produisent des fruits toute l'année. Chaque arbre produit entre 225 à 275 kg (500 à 600 lb) de citron par année !

Selon les historiens, les citrons étaient cultivés en Méditerranée un siècle avant Jésus-Christ.

Durant la Renaissance, les dames de la haute société en Europe utilisaient le jus de citron pour rougir leurs lèvres !

Riches en vitamine C, les citrons ont aidé les marins à prévenir le scorbut, une maladie qui cause le saignement des gencives, la perte des dents et des douleurs articulaires.

Un adulte pourrait couper le carton.

TYPE DE CONNAISSANCE :
Univers matériel > agrandissement ; lentille

UNE GOUTTE D'EAU EN GUISE DE LOUPE

Lorsqu'on agrandit un objet à la loupe, il est possible de découvrir et d'examiner de petits détails invisibles à l'œil nu. Si l'on observe un journal à la loupe, on constate par exemple que les zones sombres des photos ne sont pas unies : elles sont constituées d'une succession de petits points noirs et blancs. Découvre comment une goutte d'eau peut devenir une loupe !

CE DONT TU AS BESOIN

- 1 morceau de carton d'environ 5 cm x 7,5 cm ou (2 x 3 po)
- Pellicule plastique
- Ciseaux
- Ruban adhésif
- Eau
- Compte-gouttes (sinon une paille ou une cuillère)
- Journal
- Sel et sucre (optionnel)

ÉTAPES À SUIVRE

1. Fais un trou de 2,5 cm de diamètre (environ 1 po) dans un morceau de carton.

2. Recouvre le trou uniformément d'un morceau de ruban adhésif transparent.

3. Vérifie l'étanchéité et place le carton sur un journal.

4. Avec le compte-gouttes, dépose une goutte d'eau sur le ruban adhésif.

5. Lis le journal à travers la goutte d'eau puis élève lentement le carton.

6. Observe les caractères imprimés grossir. Tu viens de fabriquer une loupe avec une goutte d'eau !

EXPLICATION

Les gouttes d'eau agissent à la manière d'une loupe et peuvent agrandir la taille de l'image des objets : elles sont transparentes, possèdent une surface courbe et sont plus épaisses en leur centre. En effet, la lumière se courbe au moment de passer à travers l'eau : c'est pourquoi les objets paraissent plus gros qu'ils ne le sont.

POUR LES CURIEUX...

Regarde et décris des grains de sucre et de sel à la loupe. Que vois-tu ? Eh oui ! Le sel et le sucre, agrandis, n'ont pas le même aspect. Ce sont des cristaux. Les cristaux de sucre ont une forme cubique et ont des côtés plats, tandis que les cristaux de sel sont de forme allongée et ont un sommet en biais.

Sel

Sucre

 La présence d'un adulte est requise.
 Si tu n'as pas un t-shirt à teindre, utilise alors un tissu blanc.
 Il faut plus d'une journée pour observer le résultat final.

TYPE DE CONNAISSANCE :
Univers matériel > mélanges ; teintures

UN T-SHIRT PRÊT-À-PORTER AVEC DU KOOL-AID^{MD}

Savais-tu que certaines techniques de teinture remontent à l'ère précolombienne au Pérou 500 à 800 ans après Jésus-Christ ? Le shibori est une technique japonaise de teinture sur tissu qui remonte au VIIIe siècle. Elle consiste à plier, nouer un tissu avant de le teindre afin de créer un motif.

Amuse-toi à créer ton t-shirt personnalisé avec du Kool-Aid^{MD} et du vinaigre !

CE DONT TU AS BESOIN

- **1 t-shirt blanc ou du tissu blanc**
- **Sachets de Kool-Aid^{MD} sans sucre de différentes saveurs et couleurs**
- **Vinaigre blanc**
- **Bols (de plastique par exemple)**
- **Tasse à mesurer**
- **Gants de caoutchouc ou de plastique**
- **Ficelles ou élastiques pour lier le t-shirt**
- **Bâtonnets ou cuillères pour mélanger**
- **Cintre avec des pinces à linge**
- **Plateau ou plat creux (une plaque en aluminium par exemple)**

Préparation de la teinture pour chaque couleur (1 bol par couleur). Si tu utilises une seule couleur, ajoute de l'eau au mélange afin d'avoir assez de liquide pour pouvoir tremper tout le T-shirt.

ÉTAPES À SUIVRE

1. Pour chaque couleur que tu souhaites utiliser, mélange un paquet de Kool-Aid^{MD} et 30 ml (2 c. à soupe) de vinaigre dans un bol.

2. Mélange bien pour dissoudre la poudre dans le vinaigre.

3. Mets le bol sur un plateau d'aluminium ou dans un plat creux.

Teinture

ÉTAPES À SUIVRE

1. Étire et froisse le t-shirt dans différents sens. Plie-le et tords-le.

2. Utilise des élastiques ou de la ficelle pour bien le ficeler. Plus tu le tords, plus tu obtiendras des motifs intéressants. N'aies pas peur d'essayer !

3. Trempe les parties du t-shirt qui sont nouées dans un ou plusieurs bols selon la couleur désirée. Porte des gants afin que tes mains ne soient pas tachées. Essore l'excédent dans le bol.

4. Enlève la ficelle ou les élastiques.

5. Étends le t-shirt sur le cintre et laisse-le sécher.

6. Quand le chandail est sec, il est bon de repasser le t-shirt pour aider à fixer la couleur. Ne repasse pas directement le t-shirt. Utilise un linge entre le fer et le t-shirt.

7. Après l'application de la teinture, il vaut mieux attendre 24 heures avant de laver le t-shirt. De même, il vaut mieux laver séparément le t-shirt surtout la première fois !

Voilà, tu es prêt à porter ta création !

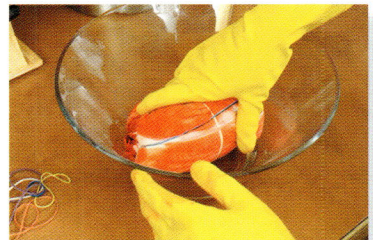

EXPLICATION

La teinture est une substance colorante. Certaines matières peuvent être employées pour absorber la teinture d'autres pour la fixer sur le tissu. Un fixateur est une substance qui permet de fixer la teinture sur le tissu de sorte que les couleurs ne s'altèrent pas.

Cette activité te demande d'utiliser du Kool-Aid[MD] pour teindre un tissu de coton. Les cristaux de couleur du Kool-Aid[MD] provoquent une réaction chimique qui lie les fibres aux molécules de la teinture. Le mordant que tu ajoutes est le vinaigre, un réactif de fixation traditionnel qui sert à fixer la teinture sur le tissu. N'étant pas assez puissant pour fixer la teinture de façon permanente, ce mordant est plus souvent utilisé dans le domaine des arts que pour teindre des vêtements.

SAVAIS-TU QUE...

On peut créer des teintures naturelles à partir de fruits et de légumes. Les bleuets, les mûres et le jus de betterave donnent les meilleurs résultats. Tu peux utiliser des fruits surgelés. Pour fabriquer la teinture, réduis le fruit ou le légume en purée dans un robot culinaire avec l'aide d'un adulte et élimine la pulpe en le passant au tamis. Le liquide extrait constitue la teinture.

 La présence d'un adulte est requise.

 Les sucettes sont prêtes à manger le lendemain de leur confection.

TYPE DE CONNAISSANCE :

Univers matériel > saturation ; évaporation ; cristallisation

DES SUCETTES CRISTALLINES

Une expérience de chimie mène parfois à des résultats succulents ! En réalisant ces sucettes, tu apprendras les concepts de saturation, d'évaporation et de cristallisation.

CE DONT TU AS BESOIN

- 1 tasse à mesurer
- 125 ml (½ tasse) d'eau
- 250 ml (1 tasse) de sucre
- 1 casserole
- 1 cuillère de bois
- Petits moules en papier
- Plaque à biscuits
- Bâtonnets de bois
- Pellicule plastique

ÉTAPES À SUIVRE

1. Dépose les moules en papier sur la plaque à biscuits.

2. Verse l'eau dans la casserole et ajoute lentement le sucre tout en brassant. Arrête d'ajouter le sucre quand cela ne se dissout plus.

3. Dépose la casserole sur le feu et fais chauffer à basse température pendant 2 à 3 minutes ou jusqu'à ce que le sucre se dissolve à nouveau. Ajoute le reste du sucre et cuis la solution jusqu'à complète dissolution du sucre en remuant à l'occasion.

4. Porte le mélange à ébullition. Fais bouillir pendant 2 à 3 minutes ou jusqu'à ce que la solution épaississe et prenne une couleur claire.

5. Éteins le feu et verse la solution dans les moules en prenant grand soin de ne pas te brûler ! Dépose un bâton au centre du mélange dans chacun des moules.

6. Recouvre l'ensemble des moules d'une pellicule plastique.

7. Laisse reposer tes sucettes pendant toute une nuit. Elles vont se cristalliser et se détacher d'elles-mêmes du moule en papier (si ce n'est pas le cas, attends une autre journée).

Voilà ! Tes sucettes sont prêtes à être dégustées !

EXPLICATION

Le fait de chauffer l'eau permet de dissoudre une plus grande quantité de sucre qu'à l'ordinaire. C'est ce qu'on appelle la sursaturation. Quand le mélange eau-sucre refroidit, par exemple après qu'il a été versé dans les moules, l'eau ne peut retenir tout ce sucre en excès puisqu'elle s'évapore. Seuls les cristaux de sucre demeurent. Voici la définition de quelques notions chimiques que nous avons explorées en créant des sucettes :

Solution : une solution est un mélange homogène de deux ou plusieurs substances, initialement dans un état solide, liquide ou gazeux. La substance majoritaire est appelée solvant et on désigne par le terme soluté la substance qui est dissoute dans le solvant. Dans notre cas, l'eau est le solvant et le sucre, le soluté.

Solution sursaturée : une solution sursaturée contient plus de soluté qu'elle ne peut en dissoudre normalement. On produit ces solutions en jouant sur la variation de la solubilité en fonction de la température. En général, la solubilité augmente avec la température. Pour obtenir une solution sursaturée, on chauffe le solvant, on dissout le maximum de soluté et on laisse la solution refroidir le plus lentement possible.

Évaporation : c'est le passage progressif de l'état liquide à gazeux.

Cristal : un cristal est un solide à plusieurs faces, plus ou moins brillant, à structure régulière et périodique, formée d'un empilement ordonné d'un grand nombre d'atomes, de molécules ou d'ions. Tu veux quelques exemples de cristaux dans la nature ? Le sucre, le sel, la neige, les métaux et les pierres précieuses sont des cristaux.

TYPE DE CONNAISSANCE :
Univers matériel > mélanges ; émulsion

DU LAIT CAILLÉ À LA COLLE EN DEUX TEMPS TROIS MOUVEMENTS

Voici une activité facile pour savoir d'où vient le petit-lait, pour découvrir comment faire cailler du lait et, par ricochet, comment préparer de la colle à partir du lait ! Ça colle (une autre façon de demander si ça va) ?

CE DONT TU AS BESOIN

- 1 tasse à mesurer
- Cuillères à mesurer
- 60 ml (¼ tasse) de lait écrémé
- 30 ml (2 c. à soupe) de vinaigre blanc
- Bicarbonate de sodium
- Papier essuie-tout ou un filtre à café
- Verre transparent
- Bocal ou un gobelet (ou un contenant à large goulot)
- Bâtonnet, paille ou cuillère de plastique
- Papier à recycler

ÉTAPES À SUIVRE

1. Verse le lait dans un verre.
2. Ajoute le vinaigre.
3. Mélange le liquide à l'aide d'un bâtonnet jusqu'à ce que le tout se stabilise. Quel résultat obtiens-tu ? Et l'odeur ? Qu'observes-tu ?
4. Dépose un filtre à café ou un papier essuie-tout sur le bocal ou le gobelet. En t'assurant de ne pas déchirer le filtre, forme un entonnoir ou un puits en faisant doucement entrer le papier dans le bocal. N'enfonce pas le filtre trop profondément dans le bocal.
5. Verse lentement le mélange lait-vinaigre dans le filtre du bocal. Tu dois t'armer de patience. Pendant le filtrage du mélange, observe attentivement et note tes observations.

6. Retire le filtre et presse-le délicatement pour extraire le reste du liquide dans le bocal. Que constates-tu ? Et l'odeur ?

7. Conserve le filtre de papier et jette le liquide dans le bocal. Essuie le bocal ou le gobelet.

8. À l'aide d'un bâtonnet racle délicatement les grumeaux blancs fixés au filtre. Dépose-les dans un gobelet vide. Note tes observations.

9. Ajoute une pincée de bicarbonate de sodium. Observe attentivement.

10. Colle des morceaux de papier à l'aide du mélange. Attends que cela sèche. Quel résultat obtiens-tu ?

EXPLICATION

Quand on regarde un verre de lait, on ne discerne pas les protéines du lait ni même les particules liquides qui forment le petit-lait parce que leur taille est très petite. On dit que le lait est une substance colloïdale. Quoi ? Un colloïde, c'est le nom savant pour désigner une substance sous forme liquide qui contient des particules en suspension suffisamment petites pour que le mélange soit homogène. Le lait en est un bon exemple mais également notre sang.

Le lactosérum, également appelé «petit-lait», est la partie liquide issue de la coagulation du lait. La coagulation du lait peut provenir soit de l'action d'une enzyme (la présure qu'on utilise lorsqu'on fabrique le fromage), soit de l'action d'un acide (comme dans l'activité que tu viens de réaliser avec le vinaigre). Outre l'eau, le lactosérum contient le sucre du lait ou lactose, des vitamines (thiamine ou B_1, riboflavine ou B_2 et pyridoxine ou B_6) et le calcium.

La caséine est la principale protéine du lait de vache. Quand on ajoute un acide comme le vinaigre (ou acide acétique), cela force la caséine prendre la forme de grumeaux blancs solides qui vont flotter à la surface du petit-lait. L'ajout du bicarbonate de sodium (une base) au vinaigre (un acide) provoque une réaction chimique qui entraîne la création de nouveaux produits chimiques, y compris de l'eau et du gaz carbonique. Le gaz carbonique (CO_2) est le même gaz qui s'échappe de nos poumons et qui produit les bulles des boissons gazeuses. Tu comprends d'où vient l'odeur et comment on peut fabriquer de la colle !

SAVAIS-TU QUE...

Les protéines sont des chaînes dont les maillons sont constitués de molécules plus petites appelées «acides aminées». On appelle ces chaînes des «polymères». Les protéines représentent donc des polymères naturels. Les chimistes industriels utilisent fréquemment les polymères synthétiques pour fabriquer de la colle, des plastiques et des tissus.

AVIS AUX CHERCHEURS EN HERBE

Tu pourrais refaire l'expérience en essayant d'autres types de lait : 1%, 2%, entier (3,25 %). Tu pourrais aussi tenter de faire cailler le lait avec du jus de citron, une substance moins acide que le vinaigre. Le résultat serait-il le même ?

Il faut attendre environ 2 à 3 jours pour faire sécher la craie avant de l'utiliser.

TYPE DE CONNAISSANCE :
Univers matériel > mélanges ; produits courants

DE LA CRAIE AVEC DES COQUILLES D'ŒUF

Cette craie sert à dessiner sur les trottoirs seulement et non sur les tableaux.

CE DONT TU AS BESOIN

- Coquilles de 6 œufs (peu importe que les œufs soient crus ou cuits)
- 5 ml (1 c. à thé) d'eau très chaude
- 5 ml (1 c. à thé) de farine
- Colorant alimentaire ou peinture en poudre (si désiré)
- Mortier avec un pilon ou une roche
- Soucoupe
- Pellicule plastique

ÉTAPES À SUIVRE

1. Lave les coquilles d'œufs pour qu'il n'y ait plus de résidu d'œuf à l'intérieur. Laisse-les sécher.

2. Écrase les coquilles sur une surface propre et dure pour en faire une poudre fine à l'aide d'un mortier, d'un pilon ou d'une roche.

3. Réserve 15 ml (1 c. à table) de cette poudre dans une soucoupe.

4. Mélange la farine et l'eau chaude dans un bol afin de former une pâte.

5. Ajoute la poudre de coquilles d'œufs que tu as réservée à cette pâte. Mélange bien afin d'obtenir une pâte plus solide.

6. Si tu veux une craie de couleur, ajoute quelques gouttes de colorant alimentaire ou de peinture en poudre.

7. Modèle la pâte en forme de craie.

8. Enveloppe-la dans une pellicule plastique et laisse sécher pendant 3 jours ou plus si le temps est humide.

9. Pour utiliser ta craie, enlève la pellicule plastique et souviens-toi que cette craie ne peut pas servir sur les tableaux.

N'oublie pas! Réserve-la pour les dessins sur les trottoirs.

ET SI...

La craie se compose de carbonate de calcium comme la coquille de l'œuf. Qu'arriverait-il si un morceau de craie était déposé dans du vinaigre? Tu trouveras la réponse à ta question en consultant l'activité intitulée « Comment déshabiller un œuf sans briser sa coquille ».

TYPE DE CONNAISSANCE :
Univers matériel > changement d'état

ATTRAPER UN CUBE DE GLACE SANS UTILISER SES DOIGTS : POSSIBLE ?

Voici une activité de pêche aux glaçons ! Comment attraper un glaçon qui flotte dans l'eau sans les doigts et avec un bout de ficelle ? Est-ce possible ? Y a-t-il un tour de magie ? Hum ! S'il y a magie, il faut la prendre avec un grain de sel…

CE DONT TU AS BESOIN

- 1 verre d'eau froide par personne
- De la ficelle (un morceau d'environ 15 cm 6 po par personne)
- 1 glaçon sous forme de cube par personne
- De la poudre magique*

* En réalité du sel, mais motus et bouche cousue ! On ne le mentionne pas tout de suite aux enfants. Les spectateurs, petits ou grands, devront tenter de l'identifier plus tard !

ÉTAPES À SUIVRE

1. Place devant toi un verre d'eau ainsi qu'un morceau de ficelle.

2. Dépose un petit cube de glace dans ton verre.

3. À l'aide uniquement de la ficelle, tu dois essayer de capturer le glaçon et de le sortir du verre.

Attention : Tu ne dois jamais toucher le glaçon avec tes doigts ! On peut avoir besoin d'un deuxième glaçon à la prochaine étape. Difficile, n'est-ce pas ?

4. Maintenant, prends de la poudre magique.

5. Dépose le bout de ta ficelle sur le glaçon en tenant l'autre bout dans ta main. Saupoudre ton glaçon d'une petite pincée de poudre magique.

6. Attends 15 à 20 secondes sans faire bouger la ficelle puis lève-la. Le glaçon s'y agrippe comme par magie !

 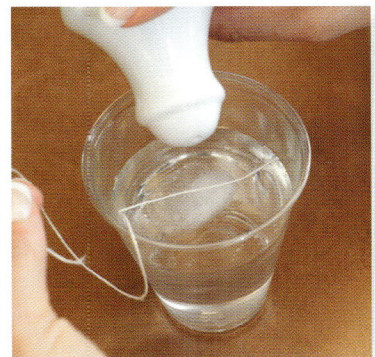 

EXPLICATIONS

Que s'est-il passé ? Que contient la fameuse poudre magique ? Eh bien, du sel ! Le sel a des propriétés spéciales qui font en sorte qu'il peut faire fondre la glace. C'est pour cette raison qu'on en répand l'hiver sur nos entrées de maison et partout sur les routes. Il nous est très utile, car il nous empêche de glisser et de nous blesser en plus de diminuer considérablement les risques d'accident de voiture.

Dans ton expérience, tu as utilisé une toute petite pincée de sel. Ce n'était pas suffisant pour faire fondre le cube de glace en entier, mais tout de même assez pour en faire fondre une petite partie, ce qui a permis à la ficelle de rentrer dans la glace. La température de l'eau a fait refroidir la glace qui avait fondu avec le sel. Le glaçon a donc durci de nouveau, ce qui a permis d'emprisonner la ficelle dans le glaçon.

TYPE DE CONNAISSANCE :
Univers vivant > techniques

UN DESSERT GLACÉ SUR DEMANDE !

C'est l'été. Il fait chaud. Soudain, tu as une envie irrésistible de manger une glace. Tiens, pourquoi ne pas la fabriquer toi-même ? Voici une recette facile à réaliser pour une portion individuelle. Découvre les ingrédients d'un dessert glacé.

CE DONT TU AS BESOIN

- 125 ml (½ tasse) de lait 2 % ou entier (3,25 %)
- 30 ml (2 c. à soupe) de sucre
- 5 ml (1 c. à thé) d'extrait de vanille, de sirop au chocolat, ou d'autres saveurs
- 2 gouttes de colorant alimentaire (facultatif)
- 1 petit sac de plastique à congélation Ziplock[MD]
- 1 grand sac de plastique à congélation Ziplock[MD]
- 2 tasses de glaçons concassés ou environ 4 tasses de cubes de glace
- 125 ml (½ tasse) de sel de table

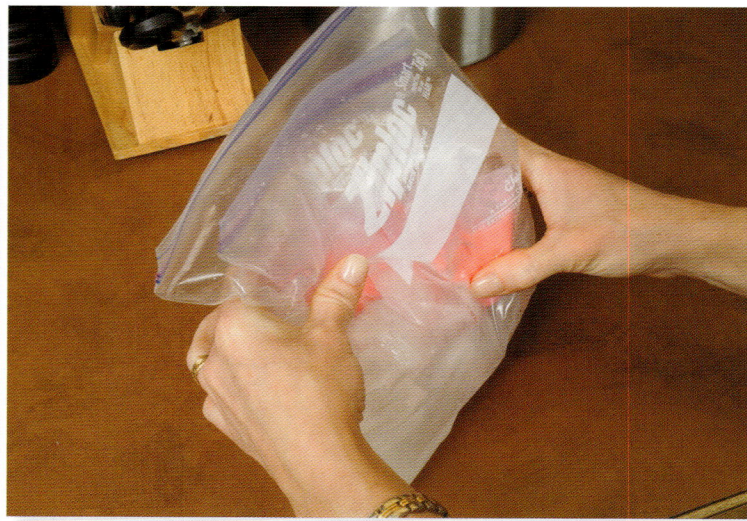

ÉTAPES À SUIVRE

1. Mets le lait, le sucre, l'arôme et le colorant dans le petit sac Ziplock[MD].

2. Referme le sac et agite pour bien mélanger.

3. Dans le plus grand sac, ajoute les glaçons concassés et le sel de table.

4. Place le petit sac dans le grand sac.

5. Referme hermétiquement le grand sac.

6. Pétris doucement les deux sacs pendant environ 10 à 15 minutes.

Observe ce qui se passe. La consistance de ta glace va changer. Cette dernière s'épaissira sous l'action du pétrissage. C'est toi qui décides à quel moment ta glace est prête !

EXPLICATION

C'est quoi le truc ? Le mélange de lait est entouré de glace dont la température est de 0 °C. Or, pour geler, le mélange doit atteindre une température plus basse que zéro. Comment abaisser la température sans recourir à un congélateur ?

C'est simple : en ajoutant du sel à la glace. Le sel fait fondre la glace qui entoure le mélange de lait. Or, pour passer de l'état solide à celui de liquide, les molécules d'eau ont besoin d'énergie, de chaleur. En fondant, la glace absorbe donc de la chaleur, dont celle du lait. Et en perdant ainsi sa chaleur, le lait gèle.

On n'obtiendrait donc pas le même résultat si on utilisait des glaçons ordinaires au lieu de glaçons salins pour fabriquer de la glace. De même, si on plaçait le mélange directement dans le congélateur au lieu de le brasser ou de le pétrir, il y a fort à parier qu'on n'aurait pas un dessert glacé.

SAVAIS-TU QUE...

Avec 2 ou 3 % de matières grasses, on a un lait glacé.
Pour avoir le droit de porter l'appellation « crème glacée », la préparation doit contenir au moins 10 % de matières grasses et 36 % de solide (le sucre et les différents produits compris).

Cette expérience s'échelonne sur une période de 5 à 7 jours environ.

TYPE DE CONNAISSANCE :
Univers vivant > besoins de la plante

DÉCOUVRE L'EFFET DU SEL SUR LES PLANTES

Analyse la croissance des graines semées dans un sol contenant des niveaux de salinité différents.

CE DONT TU AS BESOIN

- 2 gobelets en plastique ou en papier
- Boules de coton (ouate)
- 10 à 20 graines de blé (ou des graines d'haricot sec) à germer
- Sel
- Pellicule plastique (papier transparent facultatif)

ÉTAPES À SUIVRE

1. Dépose un peu de coton dans le fond des deux gobelets.
2. Saupoudre le coton dans le fond d'un des gobelets de sel. Inscris sur le gobelet « avec sel ».
3. Dépose 5 à 10 graines dans chaque gobelet. Il est préférable de placer les graines avec les rainures vers le haut.
4. Verse un peu d'eau afin d'humecter le coton des deux gobelets et place-les dans un endroit éclairé.
5. Arrose les graines régulièrement. Tu peux recouvrir les gobelets d'une pellicule plastique transparente pour empêcher les graines de sécher.

Les graines germeront dans quatre à cinq jours. Quelles graines germent le plus rapidement ? Celles avec ou sans sel ? Observe la croissance des graines pendant encore quelques jours. Quelle différence constates-tu ?

RÉSULTAT ET EXPLICATIONS

À certaines doses, variables selon les plantes, le sel (chlorure de sodium : NaCl) devient toxique.

L'augmentation de la teneur en sel d'un sol (salinisation) représente l'une des pires catastrophes environnementales. Transportés par l'eau, les sels se retrouvent naturellement dans les sols. Si la nappe d'eau souterraine se rapproche de la surface, le sol devient trop salin pour favoriser la croissance d'un grand nombre de plantes. Les programmes de retransplantation permettent de minimiser le problème. Planter certaines graines qui réagissent bien dans des sols salins peut aussi aider.

POUR LES PLUS CURIEUX...

La plupart des plantes, en particulier les plantes de grande culture, sont sensibles à la présence de sel (chlorure de sodium. NaCl) dans le sol. Fais différentes expériences en utilisant des quantités variables de sel afin de découvrir la quantité qui arrêtera la croissance du blé ou du haricot.

SAVAIS-TU QUE...

Environ 15% des terres cultivées présentent un excès de sel. Chaque année dans le monde, près de 10 millions d'hectares de terres cultivables sont perdus du fait de l'accumulation au fil du temps de petites quantités de sel contenues dans l'eau d'irrigation.

TYPE DE CONNAISSANCE :
Univers matériel > caractéristique des matériaux ; distribution de la résistance

SOLIDE COMME UN PONT… DE SPAGHETTIS OU DE LINGUINE ?

Étudie les différents niveaux de solidité des ponts en utilisant des matériaux ronds ou plats, et ce, en utilisant des pâtes alimentaires ! Voici une activité pour les aspirants ingénieurs !

CE DONT TU AS BESOIN

Remarque
Les spaghettis et les linguine doivent être de même diamètre.

- 6 à 8 guimauves
- 39 spaghettis non cuits (13 X 3 essais)
- 39 linguine non cuits (13 X 3 essais)
- 1 trombone
- 1 toute petite enveloppe
- Ciseaux
- 40 pièces de monnaie (5, 10 et 25 cents)
- Papier et crayon

ÉTAPES À SUIVRE

1. Coupe une des extrémités de l'enveloppe pour former un petit panier pour les pièces de monnaie.

2. Déplie l'une des extrémités du trombone qui servira de crochet et perce un trou dans le haut du panier.

3. Construis deux pyramides de taille semblable à l'aide de guimauves et de spaghettis. Pour former une pyramide, tu plantes les pâtes dans 3 guimauves pour former une base d'appui et tu réunis les 3 tiges au sommet en les piquant dans une 4ᵉ guimauve. Puis, répète l'opération pour former une autre pyramide.

4. Relie les pyramides entre elles avec un spaghetti.

5. Accroche ton panier au spaghetti servant de pont.

6. Dépose une pièce à la fois dans le panier.

7. Compte le nombre de pièces de monnaie qui se trouvent dans le panier lorsque le pont s'effondre.

Répète l'expérience au moins trois fois pour obtenir le nombre moyen de pièces dont tu as besoin pour briser le pont de spaghetti.

8. Crois-tu que le résultat sera différent si tu utilises des linguine dans la fabrication du pont? Vérifie ton hypothèse en répétant toutes les étapes avec les linguine (opérations 3 à 8) en utilisant cette fois des linguine au lieu des spaghettis.

9. Assure-toi d'utiliser des spaghettis et des linguine de diamètre similaire pour ton expérience.

Quelle structure est la plus solide? La ronde (spaghetti) ou la plate (linguine)?

RÉSULTATS

Les cercles constituent la forme la plus solide. Une structure ronde permet de distribuer le stress interne et externe de façon uniforme. Les spaghettis possèdent une forme cylindrique tandis que la forme des linguine ressemble à un rectangle aplati. Un spaghetti garde la même force quelle que soit la courbe donnée. Un linguine courbe plus facilement dans une direction qu'une autre. Essaie d'orienter les linguine dans la même direction pour assurer une résistance plus uniforme de ta structure.

CONNAIS-TU LES EXPRESSIONS AUTOUR DU MOT PONT?

Il coulera de l'eau sous les ponts: Il se passera un long temps.

Couper les ponts: Rompre les relations, cesser tout contact avec quelqu'un ou quelque chose.

Brûler les ponts: Cesser tout contact avec quelqu'un ou quelque chose.

Pont aux ânes: Banalité connue de tous, difficulté qui n'arrête que les ignorants.

Faire un pont d'or à quelqu'un: Lui offrir une forte somme pour le décider à faire quelque chose, à occuper un poste.

Pantalon à pont: Pantalon comportant par-devant un pan d'étoffe qui se rabat.

Faire le pont: Ne pas travailler entre deux jours fériés.

Petit pont: au soccer, faire passer le ballon entre les jambes de l'adversaire et le récupérer derrière lui.

Grand pont: au soccer, faire passer le ballon d'un côté de l'adversaire et le contourner de l'autre côté pour récupérer le ballon.

Sois prudent lorsque tu manipules l'eau chaude et le thermomètre.

Si l'eau est trop chaude, tu détruiras la levure ! Un thermomètre peut être utile.

L'assistance d'un adulte est utile.

TYPE DE CONNAISSANCE :

Univers vivant > utilisation du vivant ; adaptation d'un organisme à son milieu

COMMENT RÉVEILLER LES LEVURES QUI CONTRIBUENT AU RECYCLAGE ?

Chaque être vivant est constitué de molécules à base de carbone (contenu dans les aliments par exemple sous forme de glucides, de protéines ou de matières grasses) pour fabriquer et libérer de l'énergie, construire et nourrir ses tissus grâce à un cycle qui passe par diverses réactions chimiques.

Étudie l'interaction des microorganismes et le cycle du carbone simplement en utilisant de la levure, du sucre et de l'eau. Découvre comment des organismes comme les levures puisent l'eau et l'énergie nécessaires à leur développement à l'intérieur de certaines chaînes alimentaires.

CE DONT TU AS BESOIN

- 4 sacs de plastique à glissière de taille moyenne
- 4 paquets de levure sèche active
- Sucre
- 1 cuillère à thé
- 1 tasse à mesurer
- 1,5 l (6 tasses) d'eau chaude (environ 46 °C - 115 °F)
- Grand bol (assez grand pour contenir les 4 sacs)
- 1 marqueur (encre indélébile)
- 1 thermomètre
- 1 morceau de carton ou un bloc-notes
- 1 règle
- 1 stylo ou crayon

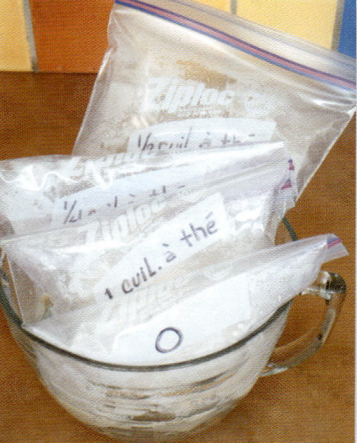

ÉTAPES À SUIVRE

1. Vide un paquet de levure dans chaque sac à fermeture.

2. Ajoute 5 ml (1 c. à thé) de sucre dans un des sacs et inscris « 5 ml - 1 c. à thé » sur le sac 1.

3. Ajoute 2,5 ml (½ c. à thé) de sucre dans un autre sac et inscris la quantité sur le sac 2.

4. Ajoute 1 ml (¼ c. à thé) de sucre dans le troisième sac et inscris la quantité sur le sac 3.

5. Inscrit « 0 » sur le quatrième et dernier sac 4 et n'ajoute rien.

6. Verse de l'eau chaude dans le grand bol, environ jusqu'aux deux tiers.

7. Vérifie la température de l'eau au moyen du thermomètre. Elle doit être à environ 46 °C - 115 °F. Ajoute de l'eau chaude ou froide pour obtenir la température souhaitée.

8. Avec la tasse à mesurer, retire 60 ml (¼ tasse) d'eau chaude du bol et verse cette quantité dans chaque sac. Presse délicatement chaque sac entre les doigts pour bien mélanger son contenu. Vérifie que la levure et le sucre soient entièrement dissous.

9. Évacue l'air des sacs et ferme-les hermétiquement. Dépose les sacs dans le bol d'eau chaude que tu placeras dans un endroit chaud pour ralentir le refroidissement.

10. Attends 30 à 40 minutes.

11. Prends le sac marqué d'un « 0 », essuie-le et dépose-le sur une table. Pose le carton ou le bloc-notes sur le sac et maintiens-le à l'horizontale. À l'aide de la règle, mesure la distance entre la table et le dessous du carton.

12. Note le résultat.

13. Répète ces étapes avec les autres sacs.

Calcule le volume approximatif de dioxyde de carbone de chaque sac :
mesure la longueur du sac (a), sa largeur (b), la distance entre la table et le carton (c).

Le produit des 3 mesures représente le volume de chaque sac (volume = a x b x c).

  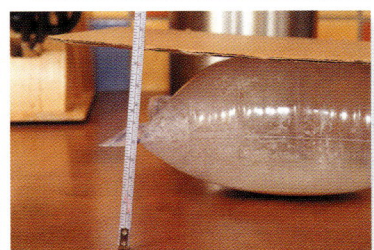

	sac n° 1	sac n° 2	sac n° 3	sac n° 4
A				
B				
C				
volume = a x b x c				

RÉSULTAT ET EXPLICATION

De nombreux scientifiques s'intéressent aux effets du recyclage naturel dans la biosphère. Souvent, le recyclage de matières biodégradables nécessite la présence d'humidité pour activer les microorganismes responsables de l'épuration biologique des déchets. La levure est un organisme vivant qui utilise le sucre et l'eau et produit le gaz carbonique.

Certes, les microorganismes sont difficiles à voir sans microscope, d'où le nom de microorganisme. Toutefois, on peut détecter leur présence parce qu'ils produisent une substance (le gaz carbonique ou dioxyde de carbone ou CO_2) qui leur permet de « manger » et de décomposer les sources alimentaires (le sucre dans ce cas-ci), afin de produire l'énergie nécessaire au recyclage des matières. La levure est un organisme vivant qui utilise le sucre et l'eau et produit le gaz carbonique.

Les sacs ont produit un volume différent de dioxyde de carbone car le niveau de décomposition était plus élevé dans les sacs contenant plus de sucre. Le sac contenant uniquement la levure et l'eau (sans ajout de sucre) n'a pas produit de dioxyde de carbone, car elle n'avait rien à manger.

C'EST QUOI LE CYCLE DU CARBONE ?

Le cycle du carbone commence par les végétaux. Les végétaux, par la photosynthèse, absorbent le carbone de l'air (CO_2) et l'assimile aux racines, aux bois, aux feuilles, aux fleurs et aux fruits, contribuant ainsi à la biomasse dans son ensemble.

Les plantes, en puisant le dioxyde de carbone de l'air pour en tirer le carbone, sont dites « autotrophes ». En effet, elles n'ont pas besoin de le prélever sur d'autres êtres, contrairement à ceux dits « hétérotrophes » tels les animaux et l'humain qui doivent consommer des plantes ou d'autres animaux pour obtenir leur carbone. C'est la respiration des organismes hétérotrophes et des organismes autotrophes (végétaux) qui, par la libération d'énergie qu'elle entraîne, est à l'origine de l'émission de carbone dans l'atmosphère (CO_2), d'où la notion de cycle.

Les organismes dits autotrophes (par exemple la plupart des végétaux, les bactéries et les algues) constituent le premier maillon d'une chaîne alimentaire. On peut dire que les autotrophes sont à l'origine de presque toute la matière organique dans un écosystème !

SAVAIS-TU QUE...

Les scientifiques sont particulièrement intéressés par les microorganismes qui pourraient exister dans l'espace. Voilà ce qui explique les recherches sur la planète Mars. Notre expérience, du moins en partie, permet d'identifier une forme de vie non visible à l'œil nu.

TYPE DE CONNAISSANCE :
Univers matériel > physique des fluides ;
pression ; succion

DÉCOUVRE LES EFFETS DE LA PRESSION GRÂCE À UNE PAILLE

Voici une expérience toute simple pour mettre en évidence l'effet de la pression de l'air qui nous entoure. Découvre que l'air ambiant exerce une force de pression.

CE DONT TU AS BESOIN

- 1 verre ou gobelet rempli de ta boisson froide préférée
- 2 pailles

ÉTAPES À SUIVRE

1. Plonge la paille dans la boisson et bois.

2. Plonge 2 pailles et bois en utilisant les 2 pailles. Bois-tu plus ou moins de liquide ?

3. Maintenant, plonge une paille dans la boisson et laisse l'autre hors du verre, et porte les 2 pailles à ta bouche pour aspirer. Qu'arrive-t-il ?

Pourquoi ne peux-tu pas boire deux fois plus de boisson avec deux pailles ?

SAVAIS-TU QUE...

Cette différence de pression a donc plusieurs usages. Le fait de réduire la pression cause la succion, laquelle est mise à profit par les aspirateurs par exemple.

EXPLICATION

L'air comme tous les gaz n'a pas de forme fixe. Il se dilate pour remplir tout l'espace disponible dont il peut disposer. Donc rien n'est vide. Mais l'air ne peut s'échapper de l'atmosphère, car la pesanteur l'empêche de s'éloigner de la terre.

Quand tu aspires le liquide à travers la paille, tu enlèves de l'air dans la paille. La pression de l'air ambiant, résultat de la pesanteur de l'atmosphère, est plus élevée que dans le verre. Par conséquent, en aspirant à travers la paille, on force la boisson à remonter à travers la paille.

Lorsque tu aspires avec une paille, l'air de l'atmosphère exerce une pression sur la boisson, la forçant à monter. Avec une paille à l'extérieur du verre, la pression est alors équilibrée. C'est pourquoi tu ne peux pas aspirer de liquide avec la paille qui se trouve dans le gobelet.

TYPE DE CONNAISSANCE :
Univers matériel > mélanges ; émulsion

DÉCOUVRE POURQUOI LES INGRÉDIENTS DE LA VINAIGRETTE SE SÉPARENT

As-tu déjà remarqué que les différents ingrédients de la vinaigrette ne restent pas mélangés si on laisse la bouteille reposer quelques minutes. Pourquoi ?

CE DONT TU AS BESOIN

- Vinaigre blanc
- Eau
- Huile végétale
- Colorant alimentaire (2 couleurs différentes, par exemple vert et rouge)
- 4 verres transparents
- 2 cuillères

ÉTAPES À SUIVRE

1re PARTIE

1. Dans un verre, verse un peu de vinaigre avec quelques gouttes de colorant vert. Mélange bien.

2. Dans un deuxième verre, verse un peu d'eau avec quelques gouttes de colorant rouge. Mélange bien.

3. Verse le contenu d'un des verres dans l'autre et brasse. Le vinaigre et l'eau se mélangent bien, on ne les distingue plus séparément.

2e PARTIE

1. Dans un troisième verre, verse un peu de vinaigre avec quelques gouttes de colorant vert. Mélange bien.

2. Dans le dernier verre, verse un peu d'huile.

3. Verse le contenu d'un des verres dans l'autre et brasse. Le vinaigre et l'huile semblent se mélanger mais si on attend quelques minutes, les liquides se séparent et reposent l'un sur l'autre.

EXPLICATION

Certains liquides sont plus « lourds » que d'autres. On dit qu'ils sont plus denses. Lorsque tu tentes de mélanger deux liquides qui n'ont pas la même densité, ils se séparent lorsque tu cesses de brasser. Le plus « lourd » se dépose au fond et le plus « léger » reste au-dessus. Si tu veux pousser ton exploration plus loin, fais l'activité supplémentaire à la page suivante.

Activité supplémentaire pour les curieux de nature !

CE DONT TU AS BESOIN

- Mélasse
- Sirop de maïs
- Huile végétale
- Savon à vaisselle
- Eau avec du colorant rouge
- Alcool avec du colorant bleu
- 1 verre transparent

ÉTAPES À SUIVRE

1. Demande à un adulte de te faire une démonstration d'une pile de liquides. Dans un verre, il verse très délicatement les liquides en commençant par la mélasse, ensuite le sirop de maïs, l'huile végétale, le savon à vaisselle, l'eau colorée rouge et finalement, l'alcool coloré bleu. Que constates-tu ? Dans la gamme des liquides, la mélasse est la substance la plus dense et l'alcool est la moins dense.

CE DONT TU AS BESOIN

- Vinaigre (de riz, de vin, balsamique, etc.) ou même utiliser un jus acide comme le jus de citron
- Huile (sésame, tournesol, olive, canola, etc.)
- Assaisonnements (fines herbes, ail, miel, moutarde, épices comme le cumin, le piment de cayenne, etc.)

Voici une recette pour t'inspirer. N'hésite pas à créer la tienne !

Pour préparer la vinaigrette à l'érable, verse tous les ingrédients dans un bocal, puis agite pour mélanger le tout. Voilà !

RECETTE DE VINAI-GRETTE À L'ÉRABLE

- 75 ml (⅓ de tasse) d'huile d'olive
- 45 ml (3 c. à soupe) de vinaigre de vin rouge
- 15 ml (1 c. à soupe) de moutarde à l'ancienne
- 15 ml (1 c. à soupe) de sirop d'érable
- 15 ml (1 c. à soupe) de jus de citron
- Sel et poivre frais moulu

TYPE DE CONNAISSANCE :
La Terre et l'Espace > Lumière ; l'univers matériel > capillarité

DES SMARTIES^{MD} POUR S'INITIER À LA CHROMATOGRAPHIE

Voici une expérience comestible qui te permettra de faire apparaître les différents pigments qui composent la couleur d'un Smartie^{MD}. Initie-toi à la chromatographie. Les scientifiques utilisent la chromatographie pour séparer et identifier les couleurs dans l'encre, la teinture et la peinture. Ce procédé est même utilisé par les scientifiques de la police judiciaire. Toi aussi tu peux le faire !

CE DONT TU AS BESOIN

- Papier filtre (du papier buvard ou des filtres à café en papier)
- Smarties^{MD}
- Eau
- Plat
- Compte-gouttes ou paille

ÉTAPES À SUIVRE

1. Coupe le papier filtre en morceaux. Il est préférable de découper des morceaux circulaires.

2. Place le plat sur une surface plane et dure.

3. Dépose un morceau de papier filtre dans le plat.

4. Place le bonbon en plein centre de l'assiette sur le papier filtre.

5. Mouille le Smartie avec de l'eau en utilisant un compte-gouttes. Évite de laisser tomber la goutte sur le papier autant que possible.

6. Vas-y très lentement. Ajoute des gouttes d'eau sur le Smartie jusqu'à ce qu'un cercle se forme autour du bonbon (environ 5 cm-2 po de diamètre).

7. Laisse reposer le bonbon environ 10 minutes. Tu devrais voir apparaître des anneaux de couleur autour du Smartie^{MD} !

8. Fais des essais avec des Smarties de différentes couleurs.

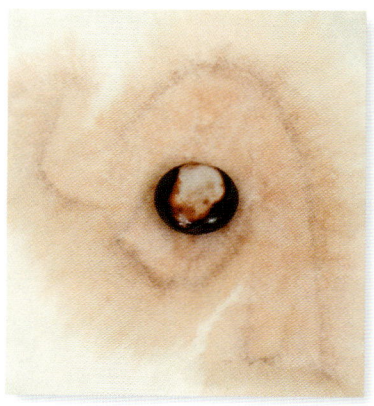

RÉSULTAT ET EXPLICATION

Qu'est-ce qui se passe ? L'eau et le colorant montent dans le papier et les couleurs dans le colorant se séparent. Les couleurs contenues dans l'enrobage du bonbon se dissolvent dans l'eau. L'eau monte dans le papier filtre grâce à l'action capillaire. Les différentes couleurs ont un degré d'attraction variable avec les molécules d'eau et elles se séparent. Plus le colorant (la teinture ou l'encre) a une attraction pour l'eau, plus il monte ou s'éloigne du centre du bonbon. Moins le colorant (la teinture ou l'encre) a une attraction pour l'eau, moins il monte et plus il reste près du point d'origine. Les pigments ou colorants qui s'éloignent le plus du centre du bonbon ont une masse inférieure à celle des pigments qui restent relativement près du bonbon. Les scientifiques utilisent cette méthode afin de séparer et de vérifier le contenu de l'encre et de la teinture.

As-tu remarqué que le Smartie[MD] est moins croquant quand l'enrobage a été arrosé d'eau ?

SAVAIS-TU QUE...

La chromatographie nous a permis de reconstituer le passé de bien des œuvres d'art. D'une peinture de l'Antiquité à une broderie du XIXe siècle, en passant par les plafonds du château de Versailles, la chromatographie nous a fourni des informations très utiles sur le vieillissement et la dégradation des produits utilisés. Le but est de mieux protéger les œuvres d'art afin qu'on puisse les admirer encore très longtemps.

POUR TESTER TES CONNAISSANCES...

Vrai ou faux ? Indique si l'énoncé est vrai ou faux.

1. La peinture est faite de différentes couleurs.
2. Les scientifiques de la police judiciaire utilisent la chromatographie.
3. Une couleur avec une grande affinité pour l'eau monte dans le papier très lentement.
4. Il existe une grande attraction entre les molécules d'eau.
5. On peut séparer les couleurs grâce à la chromatographie.

Solution : 1. V - 2. V - 3. F - 4. V - 5. F

TYPE DE CONNAISSANCE :
Univers vivant > techniques alimentaires

METS LA MAIN À LA PÂTE POUR DÉCOUVRIR LE GLUTEN !

Découvre les composantes de la farine qui permettent d'obtenir du pain !

CE DONT TU AS BESOIN

- 60 ml (¼ tasse) de farine blanche ou farine de blé entier tout usage non blanchie
- 30 ml (2 c. à soupe) d'eau tiède
- 2 cuillères à mesurer ou 2 cuillères à soupe
- 2 bols

ÉTAPES À SUIVRE

1. Mélange l'eau et la farine dans un bol.

2. Façonne la pâte en boule.

3. Dépose la pâte dans un autre bol contenant de l'eau fraîche et laisse reposer pendant 30 minutes.

4. Remplace l'eau du bol. Replie doucement la pâte et presse-la dans le bol sous l'eau courante si possible afin de la rincer.

5. Pétris la pâte rincée.

6. Note tes observations. De quelle couleur est la pâte rincée ? De quelle couleur est l'eau dans laquelle la pâte a été rincée ? Décrire la consistance de la nouvelle pâte. Dans quelle mesure peut-on l'étirer ?

EXPLICATION

L'eau devient blanche parce que l'amidon qui se trouve dans la farine ne peut pas se dissoudre dans l'eau. On dit que l'amidon est insoluble. Lorsqu'on mélange la farine de blé avec de l'eau, deux protéines, la glutamine et la gliadine, se transforment en une substance visqueuse et élastique appelée « gluten ». Il constitue environ 80 % des protéines contenues dans le blé. C'est le gluten qui est responsable de l'élasticité de la pâte. En effet, les chaînes de gluten emprisonnent les bulles de gaz créées par la levure. Voilà ce qui permet au pain de blé de gonfler.

SAVAIS-TU QUE...

Le gluten est un constituant des farines de céréales dites panifiables comme le blé, l'avoine, l'orge, l'épeautre, le kamut et le seigle. Qu'est-ce qu'une céréale panifiable ? C'est une céréale avec laquelle on peut faire une pâte et donc du pain parce qu'elle contient une quantité suffisante de gluten.

Malheureusement, certaines personnes souffrent d'une maladie nommée la maladie cœaliaque qui les rend intolérantes au gluten. Elles doivent donc éviter les céréales qui contiennent du gluten et tous les produits fabriqués avec ces céréales. Elles devront plutôt choisir le maïs, le riz, le millet, le quinoa ou l'amarante, car ces céréales ne contiennent pas de gluten.

JEU D'ASSOCIATION

Le pain est l'un des aliments les plus anciens et les plus élémentaires. Il nourrit corps et âme et nous réunit autour de la table, dans le monde entier. On mesure son importance à sa présence dans nombre d'expressions dans la langue de tous les jours. Saurais-tu associer l'expression (colonne de gauche) à sa signification (colonne de droite) ?

1.	Gagner son pain.	A.	Se dit d'un moment pénible car long ou… long car pénible !
2.	Enlever le pain de la bouche de quelqu'un.	B.	Rapidement.
3.	Mettre la main à la pâte.	C.	Aller et venir sans invitation.
4.	Avoir du pain sur la planche.	D.	Terminer heureusement une affaire qui avait mal commencé.
5.	Séparer le bon grain de l'ivraie.	E.	Avoir beaucoup de choses à faire.
6.	Entrer comme dans un moulin.	F.	Empêcher quelqu'un de gagner sa vie.
7.	Être bon comme du pain.	G.	Aider ou fournir un effort pour réaliser quelque chose.
8.	Se vendre comme des petits pains.	H.	Savoir faire la différence.
9.	Pour une bouchée de pain.	I.	Avoir bon cœur.
10.	Long comme un jour sans pain.	J.	Pour une somme minime.
11.	Manger son pain blanc le premier.	K.	Commencer par ce que l'on sait agréable.
12.	Réussir mieux en pain qu'en farine.	L.	Exercer son travail.

Solution : 1. L - 2. F - 3. G - 4. E - 5. H - 6. C - 7. I - 8. B - 9. J - 10. A - 11. K - 12. D

TYPE DE CONNAISSANCE :
Univers matériel > mélanges

COMMENT REPRODUIRE L'EFFET DE LA LAMPE À LAVE ?

La lampe à lave a été inventée en 1963 par l'Anglais Edward Craven Walker. Il s'agit d'une lampe destinée à la décoration plutôt qu'à l'éclairage. Elle se présente généralement sous la forme d'un globe de verre longiligne. Elle contient un liquide transparent dans lequel évoluent des boules colorées de cire fondue.

CE DONT TU AS BESOIN

- 1 bocal de verre ou un grand verre transparent
- 75 ml (⅓ tasse) huile végétale
- Sel
- Eau
- Colorant alimentaire
- 1 règle (optionnel)

ÉTAPES À SUIVRE

1. Ajoute quelques gouttes de colorant alimentaire à l'eau et mélange-les ensemble.

2. Verse l'eau dans le bocal à une hauteur d'à peu près 5 cm (2 po).

3. Ajoute l'huile et attends que les deux couches se soient séparées.

4. Verse du sel dans le pot pendant que tu comptes jusqu'à 15.

5. Regarde bien ce qui se passe ! L'huile et le sel forment une grosse goutte qui coule au fond de l'eau. L'huile remonte à la surface alors que le sel se dissout.

6. Ajoute à nouveau du sel afin de renouveler l'expérience.

EXPLICATION

Pourquoi en est-il ainsi ? Le colorant alimentaire est dit hydrophile car il aime l'eau. Un liquide hydrophobe, comme l'huile végétale, n'aime pas l'eau. Un liquide hydrophobe est immiscible dans l'eau, c'est-à-dire qu'il est impossible de mélanger les deux et d'obtenir un seul liquide uniforme. Cependant, un liquide hydrophile se mélange parfaitement avec l'eau. Donc, le colorant alimentaire se mélange avec l'eau mais ne se mélange pas avec l'huile.

Au début de l'expérience, l'huile flotte au-dessus de l'eau parce qu'elle est plus légère ou plus exactement, moins dense que l'eau.

Pouvais-tu voir les deux couches ? L'eau et l'huile ne se mélangeaient pas et l'huile ne se dissolvait pas dans l'eau. Cependant, le sel est plus dense que l'eau et il peut se dissoudre dans l'eau. Quand tu as remué du sel dans l'huile, il s'est cramponné à l'huile et l'a tirée vers le bas. Avec le temps, le sel a commencé à se dissoudre dans l'eau. Au bout d'un certain temps, le sel n'a pas pu maintenir la grosse goutte d'huile qui est alors remontée à la surface.

SAVAIS-TU QUE...

Quel est le fonctionnement de la lampe à lave ? La chaleur de l'ampoule à incandescence à la base du récipient produit la fusion de la cire qui a une densité proche mais supérieure à celle du liquide. Lors de l'augmentation de la température, la densité de la cire diminue et devient inférieure à celle du liquide. Les bulles de cire se mettent alors à monter mais puisque la température est inférieure à la surface, elles se retrouvent trop éloignées de la source de chaleur et la densité de la cire augmente à nouveau et les boules redescendent ; il s'agit du phénomène de convection. Elles se mélangent alors puisque la température près de l'ampoule vient à bout de la tension superficielle de chaque bulle. Le cycle recommence aussi longtemps que la lampe reste allumée.

L'appellation « Lampe à lave » vient du fait que c'est la cire qui modifie et rend visible l'éclairage de la lampe. Cet éclairage est variable, comme l'éclairage que produit l'écoulement de la lave d'un volcan !

La présence d'un adulte est requise.

Il faut compter environ 20 minutes pour la préparation,

environ 1 heure pour la cuisson et 1 heure pour laisser les meringues refroidir.

TYPE DE CONNAISSANCE :
Univers vivant > techniques alimentaires

UN DESSERT AÉRIEN PAS À PAS

Un blanc d'œuf fouetté peut mousser jusqu'à 8 fois son volume original ! Les soufflés, le gâteau des anges et les meringues font tous appel à cette qualité des blancs d'œufs de former une mousse quand ils sont battus.

Aujourd'hui, préparons un dessert nommé Pavlova, composé d'une meringue faite à partir de blancs d'œufs uniquement. Ce dessert est une création d'un pâtissier australien qui aurait été séduit par la prestation artistique d'Anna Pavlova, célèbre ballerine russe des années 1920. Le créateur de ce dessert a voulu symboliser le tutu avec la meringue, la mousse du filet avec la crème fouettée et le drapé rose et vert pâle avec les fraises et les kiwis. Un dessert léger et aérien comme les pas de danse gracieux d'une ballerine.

4 PORTIONS

CE DONT TU AS BESOIN

- 4 blancs d'œufs à la température de la pièce
- 175 ml (⅔ tasse) de sucre blanc granulé
- 5 ml (1 c. à thé) de vinaigre blanc
- 20 ml (4 c. à thé) de fécule de maïs
- 5 ml (1 c. à thé) d'extrait de vanille
- 250 ml (1 tasse) de crème 35 %
- 250 ml (environ 1 tasse) de fruits frais (traditionnellement des kiwis et des fraises)
- 1 spatule
- 1 poche à douille (optionnel)
- Papier parchemin
- Plaque de cuisson
- 1 bol (idéalement en verre, en cuivre ou en acier inoxydable)
- 1 batteur électrique ou un fouet

ÉTAPES À SUIVRE

1. Demande à un adulte de te casser 4 œufs et de te réserver 4 blancs d'œufs.

2. Préchauffe le four à 140 °C (275 °F).

3. Place le papier parchemin sur la plaque à biscuits.

4. Mets les blancs d'œufs dans un bol. Ajoute le vinaigre. Bats les blancs d'œufs et le vinaigre jusqu'à la formation de pics mous.

5. Incorpore progressivement le sucre, en continuant de battre jusqu'à la formation de pics fermes et luisants.

6. À l'aide d'une spatule, incorpore la fécule de maïs et la vanille. Attention de ne pas trop remuer.

7. À l'aide d'une douille ou d'une cuillère, verse la préparation sur la plaque afin de former 4 couronnes de meringue. Assure-toi de donner la forme d'un bol en creusant un peu le centre de chaque couronne et en élevant les bords. Le centre doit être plus creux et former un nid pour recevoir la crème fouettée et les fruits.

8. Cuis au four jusqu'à ce que les meringues soient dorées, environ 45 à 50 minutes.

9. Éteins le four et laisses-y les meringues reposer 1 heure. Tu peux ouvrir la porte du four.

10. Pendant que les meringues refroidissent, prépare la garniture en coupant les fruits.

11. Retire les meringues du four. Assure-toi qu'elles sont vraiment refroidies. Sinon, attends.

12. Fouette la crème fermement.

13. Dépose les meringues dans des assiettes à dessert.

14. Une heure avant de servir tout au plus, remplis-les de crème fouettée et ajoute les fruits. Libre à toi de créer des motifs décoratifs avec les fruits.

15. Sers rapidement afin d'éviter que la meringue ne devienne détrempée à cause de la crème.

SAVAIS-TU QUE...

Certaines recettes utilisent uniquement le jaune de l'œuf, par exemple la crème anglaise (*custard sauce*), la crème pâtissière, la crème glacée artisanale.

OBSERVATION ET EXPLICATION

Pourquoi les blancs d'œufs montent-ils en neige?
Si tu essaies de faire une mousse en fouettant de l'eau, tu remarqueras que les bulles qui se forment éclatent aussitôt. C'est que les molécules d'eau restent ensemble et solidaires. Le blanc d'œuf quant à lui est composé à 90 % d'eau et à 10 % de protéines. Ces protéines ressemblent à de longs colliers qui se tortillent et s'enroulent. Quand tu bats des blancs d'œufs, tu déroules et étires les protéines qui y sont contenues. On appelle « acides aminés » les maillons qui composent les protéines, un peu à l'image des perles d'un collier. Quand les blancs d'œufs sont battus, les acides aminés sont exposés au jour. Certains de ces acides aminés aiment l'eau et d'autres la fuient. À mesure que les blancs d'œufs sont montés en neige, les molécules d'eau et les acides aminés qui aiment l'eau se rassemblent et repoussent les acides aminés qui n'aiment pas l'eau à l'extérieur, à la surface de la mousse.

À la surface, les molécules d'eau n'auront donc pas le choix de se disperser formant une fine couche de bulles. Les liens qui se forment entre les protéines empêchent ces bulles d'éclater.

Pourquoi le blanc battu en neige est ferme alors qu'il est composé de blanc d'œuf, qui est liquide, et d'air, qui est gazeux?
Dans le blanc bien battu, les bulles sont tassées les unes contre les autres et elles ne bougent pas facilement individuellement. Si aucune ne peut bouger, l'ensemble ne bouge pas facilement, et il ne s'écoule pas, notamment. On a donc une mousse.

Quand la meringue est au four, une autre protéine, l'ovalbumine, prend le relais en créant d'autres liens, ce qui raffermit la meringue.

POUR LES CURIEUX...

La cuisine, c'est de la chimie. Bien des notions de chimie se cachent derrière la préparation de ce dessert. Saurais-tu répondre aux questions suivantes?

La température est-elle importante?
On conseille toujours de laisser les blancs d'œufs à la température de la pièce, car ils monteront plus facilement en neige que des œufs sortant directement du réfrigérateur.

Pourquoi ne peut-on pas utiliser un bol en plastique?
Le gras interfère avec la formation d'une bonne mousse et on sait qu'il aime se coller au plastique. Même si on veille à bien nettoyer le bol de plastique, il est possible que des traces de gras subsistent. Voilà pourquoi on recommande d'utiliser un bol de verre ou d'acier inoxydable pour préparer une belle meringue.

Pourquoi la présence d'un filet de jaune d'œuf empêche-t-il les blancs d'œufs de monter en neige ?
Les jaunes d'œufs contiennent du gras. Par conséquent, la moindre trace de jaune d'œuf dans la préparation de blancs d'œufs empêchera ces derniers de monter en neige !

Pourquoi utilise-t-on un fouet au lieu d'une fourchette pour battre les œufs par exemple ?
Plus on introduit de l'air, mieux c'est pour préparer une belle et bonne meringue !

Pourquoi n'ajoute-t-on pas le sucre d'un coup dès le début ?
Si on ajoute le sucre d'un trait au début, cela doublera le temps requis pour monter les blancs d'œufs en neige. C'est parce que les molécules de sucre se retrouvent dans les jambes des protéines ! Cela prend plus de temps aux protéines de se reconnaître et de tisser des liens. Par contre, le sucre est important. Quand la meringue cuit au four, c'est le sucre qui permet à la meringue d'être stable en attendant qu'elle devienne ferme en retenant les molécules d'eau, ce qui évite qu'elles ne s'échappent en s'évaporant.

Pourquoi ajoute-t-on du vinaigre ?
Le fait d'ajouter du vinaigre permet de prévenir les effets malencontreux qui pourraient arriver si tu bats trop les blancs d'œufs. En effet, la meringue risque de s'effondrer si on bat trop longtemps ou trop vigoureusement les blancs d'œufs en raison d'un trop grand nombre de liaisons entre les protéines. Quand on ajoute une substance acide à la préparation des blancs d'œufs, on ajoute des particules chargées positivement (des ions d'hydrogène qui ont perdu un électron). Les ions d'hydrogène s'accrochent aux protéines, ce qui les neutralise. Les protéines, ainsi devenues électriquement neutres, sont moins enclines à se lier à leurs consœurs. Tu es au courant maintenant !

Le nid de meringue s'est brisé. Zut ! Comment sauver le dessert ?
Au lieu de créer un *pavlova*, tu n'as qu'à dire que tu as préparé un *ambroisie* ! Prépare les fruits et la crème fouettée. Brise la meringue en plusieurs morceaux et mélange le tout ensemble ! Sers la préparation dans de jolies coupes.

Peut-on rescaper des blancs d'œufs trop battus ?
Tout n'est pas perdu ! Dans la mesure où aucun autre ingrédient n'a été ajouté aux blancs d'œufs, il suffit, en règle générale, d'ajouter un blanc d'œuf supplémentaire et de battre jusqu'à formation de pics fermes et luisants !

SAVAIS-TU QUE...
Anna Pavlova est née en février 1881 à Saint-Pétersbourg. Son triomphe dans *La mort du cygne* en 1907 la consacra « prima ballerina ». Elle fut reconnue pour sa grâce exceptionnelle et la sensibilité de ses interprétations. Elle mourut d'une pneumonie à l'âge de 50 ans. On se souvient notamment d'elle parce qu'elle demanda, peu avant sa mort, son costume de scène du ballet *La mort du cygne* qui la rendit célèbre.

TYPE DE CONNAISSANCE :
Univers matériel > mélanges ;
substances miscibles et non miscibles

COMMENT SIMULER UN DÉVERSEMENT DE PÉTROLE ?

Découvre avec cette activité comment on peut simuler une nappe de pétrole avec de l'huile et comment on s'y prend pour nettoyer un déversement de pétrole.

CE DONT TU AS BESOIN

- Huile végétale
- 1 cuillère à soupe
- 1 bol de verre ou de plastique transparent
- Eau
- Cuillère
- 1 morceau de gaze
- Tampons d'ouate
- Tissu polypropylène (disponible dans les magasins de jardinage)

ÉTAPES À SUIVRE

1. Verse de l'eau dans le bol jusqu'à la moitié.

2. Ajoute quelques cuillères à soupe d'huile jusqu'à ce que tu puisses voir le contraste.

3. Qu'arrive-t-il à l'huile lorsqu'elle entre en contact avec l'eau ?

Maintenant, découvre quel objet retire le plus d'huile.

4. Essaie d'enlever l'huile en utilisant chaque objet (morceau de gaze, tampon d'ouate, polypropylène).

SAVAIS-TU QUE...

Une seule goutte de pétrole peut rendre jusqu'à 25 litres d'eau impropre à la consommation ? Il y a environ 140 déversements de pétrole, chaque année, au Québec. Les tentatives de nettoyage après un déversement de pétrole ne sauvent que 5 % des oiseaux affectés.

RÉSULTAT ET EXPLICATION

Quel matériau permet de recueillir l'huile le plus facilement ? La réponse est le polypropylène. Tout comme l'huile, il est composé de carbone et d'hydrogène. Voilà pourquoi l'huile et le polypropylène s'attirent. L'huile et l'eau sont constituées d'éléments différents. Elles ne s'attirent pas. Il s'agit donc d'une solution dite immiscible, c'est-à-dire que l'huile et l'eau ne se mélangent jamais et forment toujours deux couches distinctes.

Le polypropylène est utilisé pour recueillir le pétrole déversé dans l'eau, un important défi écologique et environnemental. Compte tenu que le polypropylène flotte sur l'eau et absorbe le pétrole, il permet de traiter les déversements plus facilement.

Les déversements de pétrole se produisent lorsqu'un pétrolier ou un pipeline sous-marin subit des dommages importants, ce qui laisse le pétrole se déverser dans l'eau (lac, rivière, océan). Puisque le pétrole est plus léger, il s'étend.

Si les courants marins poussent cette nappe vers la terre, il y a risque de catastrophe écologique. Lors d'un déversement, plusieurs milieux sont endommagés : les plantes aquatiques, les animaux marins et les oiseaux qui se trouvent dans les environs du déversement. Un déversement de pétrole cause plusieurs millions de dollars de dommages, et bien souvent, les responsables ne veulent presque jamais payer les amendes imposées.

La présence d'un adulte est requise.

Place la bouteille dans l'évier ou fais l'expérience dehors pour minimiser les dégâts.

TYPE DE CONNAISSANCE :
La Terre et l'Espace > éruptions volcaniques ; l'univers matériel > gaz

RECRÉE UN VOLCAN EN ÉRUPTION

Les éruptions volcaniques sont spectaculaires à observer. Veux-tu fabriquer un volcan et le faire entrer en éruption ?

CE DONT TU AS BESOIN

- 1 bouteille transparente vide
- 1 assiette en papier
- 250 ml (1 tasse) de vinaigre blanc
- 10 ml (2 c. à thé) de détergent à vaisselle
- 30 ml (2 c. à soupe) de bicarbonate de sodium
- Colorant alimentaire rouge
- Pâte à modeler

ÉTAPES À SUIVRE

1. Dépose la bouteille sur l'assiette et dispose la pâte à modeler tout autour de la bouteille pour construire le volcan. Fais attention de ne pas couvrir l'ouverture de la bouteille ! Laisse ton volcan sécher.

2. Verse le bicarbonate de sodium dans le volcan par l'ouverture de la bouteille et ajoute le détergent à vaisselle.

3. Colore le vinaigre avec quelques gouttes de colorant alimentaire rouge et verse le mélange dans la bouteille.

4. Regarde ! Le volcan entre en éruption !

RÉSULTAT ET OBSERVATION

Qu'est-ce qui se passe ? De la mousse émerge du volcan comme la lave d'un vrai volcan ! Pourquoi ? Une réaction chimique entre le bicarbonate de sodium et le vinaigre produit un gaz qui s'appelle le dioxyde de carbone ou le gaz carbonique (CO_2). Lorsque le gaz occupe tout l'espace disponible dans la bouteille, la pression augmente et la lave rouge est forcée de sortir de la bouteille.

SAVAIS-TU QUE...

L'air se compose de 78 % d'azote, de 21 % d'oxygène et de 1 % d'autres gaz comme l'argon, le néon, le méthane et le dioxyde de carbone. Il y a à peu près 0,03 % de dioxyde de carbone dans l'air. C'est une faible proportion mais néanmoins très importante. Toutes les plantes et tous les arbres l'utilisent pour «respirer» grâce à la photosynthèse. En échange, ils produisent de l'oxygène que nous utilisons pour respirer. Sans oxygène, on ne peut pas vivre. Cependant, trop de dioxyde de carbone est néfaste pour l'atmosphère, car il conduit à ce qu'on appelle l'effet de serre. Tu vois ! Tout est question d'équilibre ! Il s'agit d'un équilibre délicat entre tous les gaz dans l'atmosphère.

TYPE DE CONNAISSANCE :
Univers matériel > tension superficielle

LE POIVRE QUI PREND LA FUITE !

Savais-tu que tu peux faire bouger des grains de poivre dans l'eau rapidement sans y toucher ni même souffler dessus ? Découvre le concept de tension superficielle.

CE DONT TU AS BESOIN

- 1 bol ou une assiette creuse
- Poivre
- Détergent à vaisselle
- 1 cuillère pour mélanger
- 1 cure-dent (optionnel)

ÉTAPES À SUIVRE

1. Remplis un bol d'eau.
2. Saupoudre du poivre sur l'eau.
3. Verse une goutte de détergent dans le bol en plein centre.

Que se passe-t-il ? C'est épatant, n'est-ce pas ?

RÉSULTAT ET OBSERVATION

Les minuscules gouttes d'eau forment à la surface une sorte de toile ou de membrane sous l'action d'une force appelée « tension superficielle ». C'est d'ailleurs cette mince pellicule qui permet à certains insectes de se déplacer sur l'eau. Le poivre reste donc à la surface de l'eau tant que le détergent ne fait pas son apparition. Au contact de l'eau, le détergent a pour effet d'affaiblir la tension superficielle (diminuer la force), ce qui pousse les minuscules gouttes d'eau de surface vers les bords, entraînant avec elles les grains de poivre. On dit que le détergent à vaisselle a des propriétés tensioactives car il réduit la force d'attraction entre les molécules de l'eau.

SAVAIS-TU QUE...

Pourquoi utilisons-nous du détergent pour nettoyer la vaisselle ? L'eau tend à glisser et à former des gouttelettes sur la vaisselle sale. C'est dû à la tension superficielle de l'eau et à la présence de graisse sur la vaisselle. Comment faire pour que l'eau mouille davantage la vaisselle ? C'est simple ! En brisant la tension superficielle avec de l'eau chaude ou du détergent à vaisselle. L'eau et le liquide vaisselle peuvent alors déloger la saleté et les graisses.

TYPE DE CONNAISSANCE:
Univers vivant > utilisation du vivant pour la consommation

La présence d'un adulte est requise.

UN ŒUF CERNÉ !

Découvre les astuces pour cuire un œuf cuit dur qui goûte bon et qui présente bien !

CE DONT TU AS BESOIN

- 2 œufs
- 2 petites casseroles

ÉTAPES À SUIVRE

Cuisson du premier oeuf :

1. Couvre l'œuf dans l'eau froide et amène à ébullition.

2. Quand l'eau bout, réduit à peine le feu et laisse bouillir pendant 20 minutes.

3. Retire l'œuf au moyen d'une louche.

4. Écale l'œuf et coupe-le en deux. Que constates-tu (facilité à écaler, apparence, odeur) ?

Cuisson du deuxième œuf :

1. Couvre l'œuf dans l'eau froide et amène à ébullition.

2. Quand l'eau bout, couvre et retire la casserole du feu.

3. Laisse l'œuf reposer hors du feu pendant 10 minutes.

4. Une fois le délai passé, plonge l'œuf dans l'eau froide.

5. Écale l'œuf et coupe-le en deux. Que constates-tu (facilité à écaler, apparence, odeur) ?

RÉSULTAT

Pas de vert autour du jaune pour l'œuf qui a cuit lentement et qu'on a refroidi après la cuisson. Il est plus facile à écaler également. Comparons cet œuf avec celui que nous avons laissé bouillir pendant 20 minutes et que nous n'avons pas passé sous l'eau froide. La différence est assez évidente ! Outre le cerne verdâtre, l'œuf prend une odeur puissante pas très agréable.

EXPLICATION

Le cerne est le résultat d'une réaction entre le fer et le soufre. Le fer se trouve dans le jaune d'œuf et le soufre dans la protéine du blanc d'œuf. Durant la cuisson, les protéines, qui sont normalement enroulées sur elles-mêmes, se déroulent et libèrent du soufre. Ce soufre est attiré vers le centre de l'œuf, où la pression est moins forte. Chemin faisant, il entre en contact avec du fer à la surface du jaune et produit du sulfure de fer, un composé de couleur verdâtre. Plus l'œuf est exposé longtemps à la chaleur élevée, plus il y aura formation de sulfure de fer. C'est la présence d'hydrogène sulfuré qui est responsable de la forte odeur pas très ragoûtante !

Afin de ralentir la vitesse de la réaction entre le soufre et le fer, il faut cuire doucement les œufs en utilisant une chaleur douce. En passant, les œufs auront moins tendance à craquer lorsque cuits à chaleur douce.

POUR LES PROFESSEURS ET ÉDUCATEURS

Liste des expériences et activités selon
le type d'univers auquel elles se rapportent.

UNIVERS MATÉRIEL

Comment déshabiller un œuf sans toucher sa coquille ? 10
Une potion digne d'une apprentie sorcière ! 11
Comment faire entrer un œuf dans une bouteille comme par magie ! 14
Comment écrire des messages dignes de James Bond ? 16
Comment conserver les bulles dans les sodas ? 18
Des raisins secs qui nagent ! 21
Un chou comme indicateur d'acidité 22
Le jeu du cultivateur 28
L'œuf flotteur 30
Un œuf qui fait du break-dancing ! 32
L'eau dans tous ses états ! 34
Une poire qui n'a plus de jus ! 45
Une guimauve qui s'enfle la tête ! 46
Un modèle de pâte à modeler ! 48
La fécule de maïs pour les artistes en herbe ! 50
Crée un tourbillon de couleurs 53
Comment éteindre une bougie sans souffler dessus ? 54
Comment gonfler un ballon sans se dégonfler ! 55
Une recette pour faire du papier mâché 56
S'improviser peintre avec la nourriture 58
Du citron pour que ça brille ! 60
Un T-Shirt prêt-à-porter avec du Kool-Aid^{MD} 64
Des sucettes cristallines 66

Du lait caillé à la colle en deux temps trois mouvements 68
De la craie avec des coquilles d'œuf 70
Attraper un cube de glace sans utiliser ses doigts : possible ? 72
Solide comme un pont… de spaghettis ou de linguine ? 78
Découvre les effets de la pression grâce à une paille 83
Découvre pourquoi les ingrédients de la vinaigrette se séparent 84
Comment reproduire l'effet de la lampe à lave ? 90
Comment simuler un déversement de pétrole ? 96
Le poivre qui prend la fuite ! 100

LA TERRE ET L'ESPACE

Une bouche scintillante ! 59
Des Smarties[MD] pour s'initier à la chromatographie 86
Recrée un volcan en éruption 98

UNIVERS VIVANT

Défie le temps pour faire mûrir une banane ! 12
Des visiteurs non désirés sur le pain ! 20
Comment prouver que tout comme toi le céleri boit ? 24
Comment empêcher une pomme de ternir son image ! 26
Comment déterminer la fraîcheur d'un œuf ? 37
Comment faire du fromage ? 38
Quand un fruit subit un dur coup 40
Comment préparer une boisson gazeuse ? 41
Un jeu-questionnaire haut en couleurs ! 42
Bon comme du bon pain ! 44
Une goutte d'eau en guise de loupe 62
Un dessert glacé sur demande ! 74
Découvre l'effet du sel sur les plantes 76
Comment réveiller les levures qui contribuent au recyclage ? 80
Mets la main à la pâte pour découvrir le gluten ! 88
Un dessert aérien pas à pas 92
Un œuf cerné 101

RÉFÉRENCES

LIVRES ET REVUES

Connie Liakos Evers, *How to Teach Nutrition to Kids*, 24 Carrot Press, 3ᵉ édition, 2006, 247 p.

C. Nu Ton, «Comment se forment les goûts alimentaires?», *Psychologie française*, vol. 41, n°3, 1996, p. 261-271.

N. Rigal, *La naissance du goût : Comment donner aux enfants le plaisir de manger*, Paris, Éditions Noesis, 2000, 159 p.

SITES WEB

Dole 5-A-Day.
dole5aday.com

Fédération des producteurs d'œufs de consommation du Québec.
oeuf.ca

Food Reference Website.
foodreference.com/index.html

Haplo Sciences.
haplosciences.com

Joy of Baking.
http://joyofbaking.com

Sites pour enfants Kidadoweb – Sites éducatifs pour enfants et ados.
http://kidadoweb.com

Les sciences et la technologie pour les Canadiens.
science.gc.ca/Ressources_pedagogiques WSBB254133-1_Fr.htm

Nutrition for Kids.
http://nutritionforkids.com

Rohm and Haas Project Labs. Natural, Environmental and Biological Science Lessons and Experiments.
projectlabs.com/les_nat.htm

Science 4 Kids
(Agricultural Reserch Service).
ars.usda.gov/is/kids/index.html

Science for Kids – Fun Experiments, Cool Facts, Online Games, Activities, Projects, Ideas, Technology.
sciencekids.co.nz

TFO Éducation.
www2.tfo.org/Education

The Franklin Institute. Resources for Science Learning. Educational Hotlists.
fi.edu/learn/hotlists/index.php

Wikipedia.
http://fr.wikipedia.org/wiki

CRÉDITS PHOTOGRAPHIQUES

Toutes les photos sont de Michel Julien, sauf les suivantes :

page couverture :
garçon © Mike Sonnenberg | istockphoto.com,
agrumes © Alex van de Hoef | istockphoto.com,
glaces © Yunus Arakon | istockphoto.com,
pomme © Dean Turner | istockphoto.com,
gingembre © Joe Biafore | istockphoto.com,
bananes © Leonid Nyshko | istockphoto.com.

p. 5 : © Monika Adamczyk | istockphoto.com
p. 11 : © Natalia Leskina | istockphoto.com
p. 12 : *haut* © Leonid Nyshko | istockphoto.com
p. 12 : *bas droite* © Aleksandr Lobanov | istockphoto.com
p. 13 : *haut* © Anne-Louise Quarfoth | istockphoto.com
p. 13 : *bas* © Zts | istockphoto.com
p. 17 : *bas* © Scott Kochsiek | istockphoto.com
p. 18 : © Roman Sigaev | istockphoto.com
p. 19 : *bas* © dundanim | istockphoto.com
p. 20 : © Ian Cumberland | istockphoto.com
p. 21 : *gauche* © Roman Sigaev | istockphoto.com
p. 21 : *centre* © Lauri Patterson | istockphoto.com
p. 21 : *droite* © rocksunderwater | istockphoto.com
p. 23 : *bas* © Leah-Anne Thompson | istockphoto.com
p. 25 : *bas gauche* © Slobo Mitic | istockphoto.com
p. 27 : *haut* © Drew Hadley | istockphoto.com
p. 27 : *bas* © Lauri Patterson | istockphoto.com
p. 28 : *bas* © Tomas Bercic | istockphoto.com
p. 29 : *haut* © Jill Chen | istockphoto.com
p. 29 : *bas* © FotografiaBasica | istockphoto.com
p. 31 : *haut* © Ruslan Dashinsky | istockphoto.com
p. 31 : *bas* © malerapaso | istockphoto.com
p. 32 : *haut* © Daniel Fowler | istockphoto.com
p. 33 : *haut* © Tomasz Zachariasz | istockphoto.com
p. 33 : *bas* © Iain Sarjeant | istockphoto.com
p. 34 : *haut* © Christopher Pattberg | istockphoto.com

p. 34 : *centre droit* © Mark Aplet Leaf | istockphoto.com
p. 34 : *centre gauche* © Christopher Badzioch | istockphoto.com
p. 36 : *haut* © Erlend Kvalsvik | istockphoto.com
p. 37 : *haut* © Natalia Bratslavsky | istockphoto.com
p. 38 : *haut* © Svetl | istockphoto.com
p. 39 : *haut droit* © Magdalena Kucova | istockphoto.com
p. 39 : *bas* © sabrina dei nobili | istockphoto.com
p. 40 : *haut* © Dean Turner | istockphoto.com
p. 40 : *centre droit* © Guenther Dr. Hollaender | istockphoto.com
p. 40 : *centre gauche* © Valeriy Aksak | istockphoto.com
p. 41 : © Nikita Rogul | istockphoto.com
p. 42 : © bahadir coskun | istockphoto.com
p. 43 : *haut-a* © Matej Michelizza | istockphoto.com
p. 43 : *haut-b* © Elena Schweitzer | istockphoto.com
p. 43 : *centre haut gauche* © Valentyn Volkov | istockphoto.com
p. 43 : *centre haut droit* © espion | istockphoto.com
p. 43 : *centre bas gauche* © Tulay Over | istockphoto.com
p. 43 : *centre bas droit* © Robyn Mackenzie | istockphoto.com
p. 43 : *bas-a* © Cole Vineyard | istockphoto.com
p. 43 : *bas-b* © Elena Schweitzer | istockphoto.com
p. 43 : *bas-c* © James Brey | istockphoto.com
p. 44 : © Sergiy Trofimov | istockphoto.com
p. 46 : © Nancy Lépine
p. 47 : *haut* © Nancy Lépine
p. 47 : *centre* © Floortje | istockphoto.com
p. 47 : *bas* © Anna Yu | istockphoto.com
p. 49 : *bas* © redmonkey8 | istockphoto.com
p. 52 : *haut gauche* © WEKWEK | istockphoto.com
p. 52 : *haut droit* © sunil menon | istockphoto.com
p. 52 : *bas gauche* © Joe Biafore | istockphoto.com
p. 52 : *bas droit* © Ewald Froech | istockphoto.com
p. 54 : © Roman Sigaev | istockphoto.com
p. 55 : © allsee | istockphoto.com
p. 57 : © Graffizone | istockphoto.com

p. 59 : © Dragan Trifunovic | istockphoto.com
p. 60 : *haut* © Dan Tero Leaf | istockphoto.com
p. 60 : *bas* © luisella blardone | istockphoto.com
p. 61 : *haut droit* © Carrie Bottomley | istockphoto.com
p. 61 : *haut gauche* © Izabela Habur | istockphoto.com
p. 61 : *centre* © Hallgerd | istockphoto.com
p. 61 : *bas* © Joseloti Briones | istockphoto.com
p. 62 : *haut* © Rubén Hidalgo | istockphoto.com
p. 62 : *bas* © Kevin Gooden | istockphoto.com
p. 63 : *haut* © Ivan Ivanov | istockphoto.com
p. 63 : *bas* © Oleg Kozlov | istockphoto.com
p. 64 : *haut* © James Brey | istockphoto.com
p. 65 : *bas* © Tatiana Belova | istockphoto.com
p. 67 : *haut* © Elena Schweitzer | istockphoto.com
p. 67 : *bas* © Marzanna Syncerz | istockphoto.com
p. 70 : *bas* © Floortje | istockphoto.com
p. 71 : *bas* © Robyn Mackenzie | istockphoto.com
p. 72 : © Yunus Arakon | istockphoto.com
p. 73 : *bas* © Lise Gagne | istockphoto.com
p. 75 : *haut* © DIGIcal | istockphoto.com
p. 75 : *bas* © Liv Friis-Larsen | istockphoto.com
p. 77 : © Mark Richardson | istockphoto.com
p. 79 : © Linda & Colin McKie | istockphoto.com
p. 85 : *bas* © Marius Grose | istockphoto.com
p. 87 : *haut* © Sibel A Roberts | istockphoto.com
p. 87 : *bas* © Gord Horne | istockphoto.com
p. 90 : *haut* © Niels Laan | istockphoto.com
p. 91 : © Scott Webb | istockphoto.com
p. 92 : *gauche* © Skip ODonnell | istockphoto.com
p. 92 : *droite* © Mendel Perkins Auntpittyp | istockphoto.com
p. 96 : © P_Wei | istockphoto.com
p. 98 : © JulienGrondin | istockphoto.com
p. 100 : © Donald Erickson | istockphoto.com